Mata Amritanandamayi

Biografia

Mata Amritanandamayi

Biografia

La Seva vida i les experiències dels devots

per

Suami Amritasuarupananda

Mata Amritanandamayi Center, San Ramon
Califòrnia, Estats Units

Mata Amritanandamayi - Biografia

Publicat per:
Mata Amritanandamayi Center
P.O. Box 613
San Ramon, CA 94583
Estats Units

———————— *Mata Amritanandamayi - A Biography (Catalan)* ————————

Primera edició catalana per Mata Amritanandamayi Center: abril 2016

Traducció catalana per: Àngels Ridao, Joan Tost i Helena Vidal

A Espanya:
www.amma-spain.org
fundacion@amma-spain.org

A l'Índia
www.amritapuri.org
inform@amritapuri.org
www.embracingtheworld.org

Agraïments

Molts dels fets que s'expliquen en aquest llibre són trets de la biografia de la santa Mare escrita en malaiàlam pel prof. M. Ramakrixnan Naïr, al qual expressem la nostra profunda gratitud. També agraïm sincerament l'ajut de tots aquells que han participat en la publicació del present volum.

Nota sobre la transcripció

Hem adaptat l'escriptura dels noms a l'ortografia catalana, seguint la pràctica habitual en les traduccions dels llibres d'Amma a altres llengües europees. Agraïm sincerament l'ajuda de Javier Ruiz Calderón (Shánkara), que ens ha orientat sobre la pronunciació i accentuació dels noms sànscrits per tal de poder-los transcriure adequadament al català.

Es tracta d'una transliteració, és a dir, d'un trasllat lletra per lletra, més que no pas d'una transcripció en sentit estricte, per tal com molts matisos de la pronunciació real es perden.

Incloem en apèndix una llista dels noms geogràfics que apareixen en el text amb les dues escriptures: la catalana i l'anglesa.

Índex

Prefaci

pradīpajvālabhirdivasakaranīrājanavidhiḥ
sudhāsūteścandrōpalajalalavairardhyyaracanā

svakīyairambhōbhiḥ salilanidhisauhityakaranam
tvadīyābhirvāgbhistava janani vācām stutiriyam

*Oh, Mare! Aquesta lloança en honor Teu composta amb
les teves pròpies paraules és com una ofrena de llums
en honor del sol feta amb els seus propis raigs, com un
oferiment a la lluna fet amb l'aigua que emana de la
pedra de lluna i com un homenatge al mar fet amb les
seves pròpies aigües.*

Saundaria Lahari, versicle 100

Vet aquí una mística accessible a qualsevol persona i a cadascú
en particular, amb qui podeu conversar i en presència de la qual
podeu sentir Déu. És humil però ferma con la terra. És senzilla,
però té la bellesa de la lluna plena. És l'Amor, és la Veritat, és
l'encarnació de la renúncia i l'autosacrifici. No només predica,
sinó que fa. Ho dóna tot i no rep res. És suau com una flor i dura
com el diamant. És el gran Mestre i la gran Mare. Així és Mata
Amritanandamayi.

Va néixer amb consciència plena. Havent rebut o manifestat
una sàdhana (disciplina espiritual) rigorosa, va abraçar el món
sencer amb un amor i una compassió de dimensions indescrip-
tibles, l'amor i la compassió que constitueixen la seva autèntica
fibra, la seva autèntica essència.

9

Des de la seva infantesa més tendra va buscar sempre la Mare i el Pare divins, fins i tot sense la guia de cap guru. Va suportar els atacs dels seus amics i parents, dels racionalistes i dels descreguts que, tots, van intentar destruir-la. Sola al mig d'aquest camp de batalla, ho afrontà tot sense immutar-se i amb un coratge incommovible. A l'edat de 21 anys va mostrar-se com a Déu manifestat i als 22 va començar a iniciar en la vida espiritual a buscadors de la Veritat. Als 27 anys, la santa Mare va establir el centre espiritual de la seva Missió internacional a la casa on va néixer. Cinc anys més tard hi havia prop de 20 filials de l'Àixram a l'Índia i a l'estranger. A l'edat de 33 anys, en resposta a la invitació dels seus devots d'Amèrica i d'Europa, la Mare va fer la seva primera gira mundial inspirant i elevant l'ànima d'una gran quantitat de persones arreu del món.

A més de tot això, ha aconsellat, eixugat les llàgrimes i alliberat de càrrega milers i milers de persones de trajectòries de vida molt diverses i de cada un dels racons de la terra. Et pertoca a tu, estimat lector, decidir qui i què és Ella amb la intuïció del teu cor.

Suami Amritasuarupananda

La llegenda

En el *pantxaiat*[1] d' Alappad, dins del districte de Kol lam a l'estat
de Kérala, al sud de l'Índia, hi ha un petit poble anomenat Parai-
akadavu. El poble en qüestió es troba al bell mig d'una extensió
inacabable de cocoters que corre al llarg d'una estreta península,
banyada a l'est per un canal i per l'oest per les aigües espurnejants,
d'un color blau verdós, de la mar d'Aràbia.

Els habitants del poble pertanyen a un clan humil de pesca-
dors, que remunten les seves arrels, amb gran orgull, enllà dels
temps fins al savi Parassara. El savi Parassara es va casar amb
Sàtiavati, filla de pescadors i mare de Xri Veda Viassa, l'il·lustre
codificador dels Vedes. Existeixen nombroses llegendes sobre la
santedat i la grandesa d'aquest poble, on la vida quotidiana i els
costums socials estan, encara avui en dia, entrelligats amb els
mites divins, amb les històries ocorregudes milers d'anys enrere,
en la realitat de les quals els vilatans creuen fermament. Una
d'aquestes llegendes diu així.

Una vegada, Subramània[2], fill del déu Xiva i de la dessa Pàr-
vati, va cometre una falta important. Enfurit per la transgressió
del Seu fill, Xiva el va maleir i el condemnà a néixer com a peix.
Entristida pel destí de Subramània, Pàrvati demanà al Déu que li
perdonés la falta. En comptes de consolar-la, Xiva s'enutjà encara
més i castigà també Pàrvati, condemnant-la a néixer en una família
de pescadors. Més tard, quan l'enuig de Xiva es va haver calmat,

---

[1] Aliança de cinc pobles, ens de govern encarregat de gestionar les qüestions
locals.

[2] Un altre nom de Xri Muruga, germà de Xri Ganeix.

11

el Déu va dir a Subramània que Ell mateix els vindria a alliberar a tots dos en el moment oportú, i els beneí.

D'acord amb la maledicció de Xiva, Subramània va adoptar la forma d'un peix, més ben dit, la d'una enorme balena. En aparèixer dins de la mar d'Aràbia va causar grans danys als pescadors. Acostumats a pescar tant de dia com de nit, ara els pescadors ja no podien aventurar-se mar enllà. A vegades, la balena esquinçava en mil bocins les xarxes que havien llançat, altres vegades els tombava les barques, posant en perill les seves vides. Els vilatans restaven condemnats a la pobresa i la fam.

El rei dels pescadors no trobava solució al problema. Com que anava alimentant el poble afamat amb el seu propi tresor, aquest arribà al punt d'exhaurir-se. Finalment, en un intent de resoldre la situació, el rei va fer aquesta proclama: aquell qui aconseguís caçar la balena que els causava tants de maldecaps, seria recompensat amb grans riqueses i, a més, rebria per esposa la bellíssima filla del rei. Però l'enorme balena causava tant d'espant, que ningú no es va atrevir a acceptar el desafiament. El rei i els seus súbdits estaven sumits en la desesperació, quan misteriosament va aparèixer un vell que venia del nord. Ningú no sabia qui era. L'home, amb l'esquena corbada per l'edat, s'acostà al rei i li declarà amb gosadia que ell podria caçar l'enorme balena i salvar el poble de la devastació completa. Acompanyat per l'astorat rei i els seus súbdits, el vell es dirigí amb passa segura cap al mar.

Trenà amb fibres d'heura una corda ben llarga i en llançà una punta al mar, mentre sostenia l'altra punta fortament amb la seva mà. La corda de fibres encerclà el lloc on l'enorme balena es trobava ajaguda sota les aigües. L'home passà la corda als pescadors i els donà l'ordre d'estirar amb totes les seves forces mentre cantaven un mantra concret. Tal com se'ls havia dit, els pescadors començaren a estirar la corda tot cantant el mantra. Després d'hores d'un esforç terrible, el peix gegant, atrapat per la corda de fibres, va ser arrossegat fins a la platja. De sobte, davant l'astorament de tothom, la balena es va esvair i al seu lloc va aparèixer el déu Subramània, alliberat per Xiva de la seva maledicció. A l'indret on havia estat arrossegat el peix gegant s'hi va construir un temple. Encara hi és, com un monument viu per recordar-nos la vella història.

La llegenda no acaba aquí. El senyor Xiva, disfressat de vell, s'avançà cap al rei i es plantà al seu davant, exigint com a recompensa la mà de la princesa per casar-s'hi. El rei, que havia promès la seva filla única a l'heroi que salvaria el seu poble, es trobava ara atrapat en un dilema. Ell i els seus súbdits se sentien completament contorbats. Com podria un pare, i més un rei, lliurar la seva jove i exquisida filla per esposa a un vell? El rei li suplicà que li demanés qualsevol altra cosa de qualsevol racó del regne, excepte la seva filla. El vell respongué amb calma que un rei ha de mantenir la seva promesa i ser fidel a la seva paraula.

Ara sí que el rei es trobava en un autèntic compromís. La veritat constituïa la força dels pescadors; ells creien fermament que la veritat era la seva protectora. Deien que si algú no li era fidel, a l'hora d'anar pescar cauria en la ferotge boca oberta de la mort. El rei estava atrapat; no podia ni trencar la seva promesa, ni lliurar la seva estimada princesa al vell. En aquell moment, la princesa, que era, en realitat, la deessa Pàrvati en persona, feu un pas endavant i parlà amb fermesa: "Pare i molt noble rei, és un deure de cadascú protegir i preservar la rectitud (el dharma). Res no ho hauria d'impedir." Abatut, el rei no tenia més remei que permetre que la seva filla marxés amb el vell. Ningú no sospitava que l'humil reialme de pescadors havia esdevingut l'escenari d'un drama diví, testimoni de la reconciliació entre el senyor Xiva i la Deessa Pàrvati.

Amb gran tristesa als seus cors, els vilatans seguiren la parella divina durant una estona, tot preguntant: "On aneu? Voldríem venir amb vosaltres." Ells contestaren: "No tenim cap lloc d'estada particular (uru); allà on arribem serà casa nostra." (txel·lunna uru)."

El senyor Xiva i la Deessa Pàrvati continuaren el seu camí, seguits pel poble de pescadors, fins que arribaren a un lloc on es van aturar. Xiva hi restà dret de cara a l'est, i Pàrvati de cara a l'oest, i es convertiren en imatges de pedra. Txel·luna uru (l'indret d'arribada) es transformà més tard en el Txenganur d'avui.

Al cap d'un temps es va construir un temple i hom començà a celebrar-hi culte diàriament, fins que s'esdevingué una cosa molt estranya. Cada cop que els sacerdots portaven aigua al temple per fer-hi el culte, trobaven un peix dins l'aigua. Això va fer impossible la realització de les cerimònies diàries. Per tal de trobar una solució, les autoritats del temple feren un estudi astrològic i descobriren tota la història de Xiva, Pàrvati i la maledicció de Subramània. L'estudi va revelar, a més, que les cerimònies de casament entre el vell i la princesa no s'havien dut mai a terme. Segons la tradició, els habitants de la costa d'Alappad, on la Deessa Pàrvati havia nascut en una família de pescadors, havien d'anar a Txenganur amb la dot i altres presents de casament per tal de celebrar-lo. Aleshores es van fer les preparacions adients a Txenganur i Alappad. Els vilatans d'Alappad viatjaren fins a Txenganur per dur-hi a terme la cerimònia del casament diví. Fins avui en dia, cada any durant l'època dels festivals, aquest costum és seguit en memòria de la llegenda ancestral. El temple continua essent un centre d'atracció per a milers de devots.

Fa unes dècades va tenir lloc un incident interessant, relacionat amb aquesta història. Un any el poble de la costa d'Alappad va deixar de participar en el tradicional ritual de preparació de la festivitat, pensant que era absurd i una despesa inútil gastar una pila de diners per fer tot el viatge cap a Txenganur. Van pensar: "Per què hauríem de cooperar en un festival que es fa lluny d'aquí?". Immediatament començaren a passar coses misterioses en el temple de Txenganur. L'elefant decorat que havia de dur la imatge del Senyor en processó s'aturà, negant-se a fer ni una sola passa. Tots els esforços per fer-lo bellugar fracassaren. Hom comunicà immediatament a Alappat aquest incident advers, però ja era massa tard. Ja s'hi havia declarat la verola. En adonar-se del seu error insensat, els vilatans es dirigiren sense demora cap a Txenganur, duent tot el necessari per contribuir al festival d'acord amb la tradició.

Aquest és l'antic rerefons íntimament lligat amb el paisatge de la costa i la seva gent. No és admirable, que aquesta terra sagrada hagi tornat a convertir-se en escenari d'un altre drama diví?

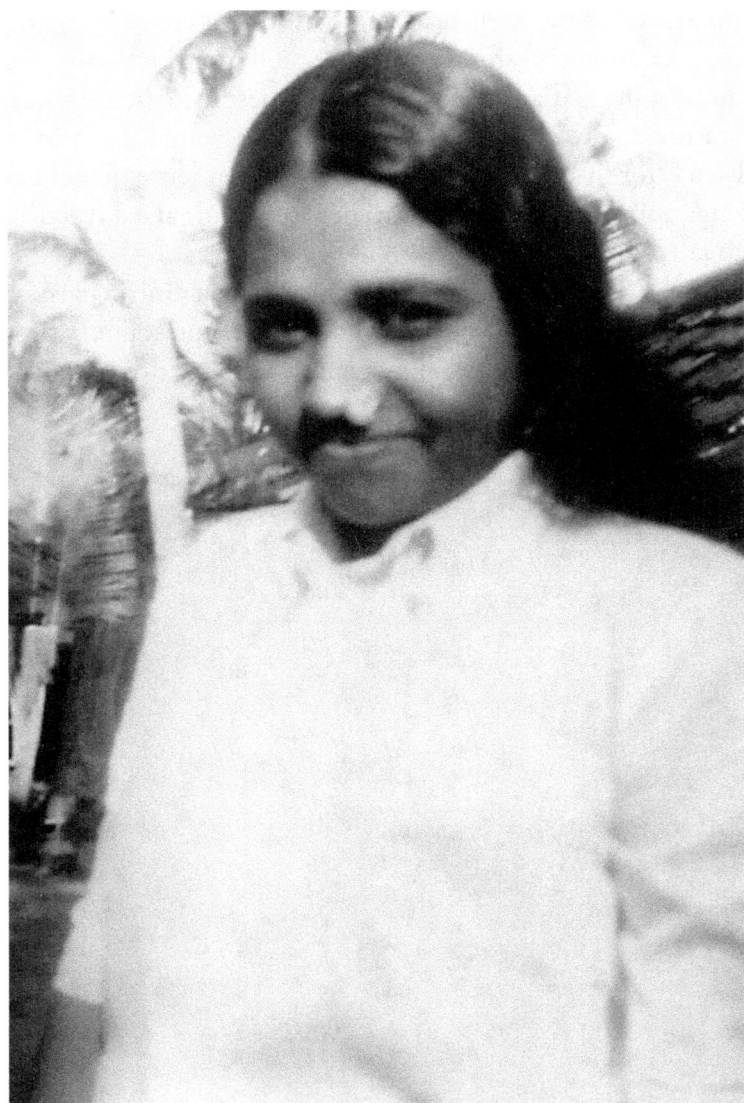

Capítol i

Des del moment de néixer

"Jo he sentit un anhel intens pel nom diví des del moment mateix de néixer. Fins al punt que repetia el nom del Senyor sense parar, amb cada respiració, i la meva ment era recorreguda per un corrent constant de pensaments divins, independentment del lloc on em trobés o del treball que fes. Aquesta concentració ininterrompuda en Déu, mantinguda amb amor i devoció, és una gran ajuda per a qualsevol que aspiri a aconseguir la Realització divina"

Mata Amritanandamayi

thīrthikurvanti tīrthani sukarmikurvanti
karmāni saccāstri kurvanti śāstrāni
modante pitaro nrityanti devatāḥ
sanatha ceyan bhūrbhavati

*Els grans sants concedeixen santedat als llocs de pelegri-
natge, fan que les accions siguin rectes i bones i atorguen
autoritat espiritual a les escriptures.*
*Quan neix un sant així, els pares se n'alegren, els déus
dansen immersos en joia i la terra obté un salvador.*

Nàrada Bhakti Sutres, versicles 69-71

El llinatge

Els Idamannel eren una família que vivia des de temps antics en
el petit poble de Paraiakadavu, dins del pantxaiat (comunitat)
d'Alappad. Es dedicaven fonamentalment a la pesca i a algunes
altres tasques. La realització de pràctiques religioses i l'observació
de determinats vots constituïen part essencial de la seva vida. Eren
uns pescadors coneguts per la seva generositat. Quan tornaven del
mar amb la captura diària, la primera cosa que feien era repartir
una certa quantitat de peix entre tots els vilatans presents, sense
acceptar moneda a canvi. Un cop venuda la captura del dia,
distribuïen un grapat de monedes entre totes les criatures.

En la família Idamannel hi havien nascut diverses ànimes
pietoses. Xri Velaiudhan n'era una. Es tractava d'una persona
molt compassiva, veraç i generosa, que professava amb fermesa
l'ideal d'*ahimsa* (no-violència). No permetia que es matés ni un
ratolí. Velaiudhan estava casat amb Xrimati Madhavi, una dona
casta i pietosa, que tenia l'hàbit de llevar-se molt d'hora al matí,

19

abans de la sortida del sol, per fer garlandes de flors a totes les deïtats de l'altar familiar, i que, mentre feinejava, sempre cantava els noms divins del Senyor. Fins i tot ara, amb més de 80 anys, s'asseu cada dia davant del temple encordant garlandes amb el mateix esperit de devoció.

Sugunànandan era el gran dels seus cinc fills. Inspirat per l'atmosfera pietosa de la família, es convertí en un devot ardent de Krixna. Quan tenia nou o deu anys, començà a estudiar Kathakali, una dansa clàssica de Kérala que representa els jocs i entreteniments dels déus i les deesses. Mentre els actors presenten els fets mitjançant la dansa i els *mudres* (gestos divins), els cantants van narrant la història amb cançons. El paper que Sugunànandan preferia interpretar era el de Xri Krixna. Una vegada, durant una representació de Kathakali, s'identificà tant amb el seu paper, que va caure inconscient damunt de l'escenari.

L'atmosfera en l'entorn dels Idamannel era en aquella època molt pacífica i tranquil·la. La casa estava envoltada per tres costats per un braç de mar ple de vida salvatge i amb una vegetació exuberant de cocoters, arbrers fruiters i anacards. Gairebé no hi havia més cases pels voltants. Quan Sugunànandan tenia tretze o catorze anys, li agradava molt, en tornar d'escola amb el seu cosí, pujar als anacards per menjar-ne els fruits deliciosos. Un dia, mentre els dos nois es dedicaven a collir anacards dalt d'un arbre, van veure un *sanniassin* (un monjo errant), amb la seva cabellera i la seva llarga barba, que es dirigia cap a Ca N'Idamannel. Mai l'havien vist abans i van quedar intrigats per la seva aparença radiant. Després de rondar una estona per la propietat, el sanniassin esclafí de sobte en una rialla joiosa i proclamà amb veu alta:

"Puc veure nombrosos ascetes asseguts en aquest lloc, immersos en meditació profunda. Temps enrere en aquest indret hi havien fet estada moltes grans ànimes, que descansen sota terra. Molts sanniassins aconseguiran l'alliberament aquí. Això es convertirà en un lloc sant."

I, tornant a riure de joia, el sanniassin continuà el seu camí. Intrigats per la declaració del vagabund, els nois se'n tornaren al seus jocs. Van haver de passar molts anys abans que Sugunànandan i el seu cosí no recordessin, admirats, les paraules profètiques del monjo errant.

Passat el temps, Sugunànandan es dedicà a l'ofici de venedor de peix. Quan tenia vint-i-dos anys, es casà amb Damaianti, una noia de vint anys del poble del costat, Bhandaraturuttu. Damaianti venia d'una família devota, que realitzava pràctiques religioses cada dia sense excepció i que tenia, fins i tot, el seu propi temple. El pare, Punian, i la mare, Karutta Kunia, eren devots exemplars de Déu. Així, Damaianti va créixer des de petita en un ambient virtuós, en una atmosfera que afavoria la religiositat.

Damaianti era tan pietosa que els vilatans l'anomenaven amb reverència 'Pattathi Amma', o 'la senyora brahmana'. La seva vida estava tota ella enfocada en la devoció a Déu i la noia observava diversos vots religiosos pràcticament cada dia de la setmana. Dejunava sovint i a vegades trencava el dejuni bevent l'aigua dels cocos tendres que queien misteriosament dels arbres.

Damaianti i Sugunànandan portaren al món tretze fills, dels quals quatre van morir en néixer i un altre al cap de cinquanta-tres dies. Els noms dels altres, quatre noies i quatre nois, són, en ordre cronològic del més gran al més jove: Kasturbai (coneguda familiarment com a Kasturi), Sunil Kumar (Súbhagan), Sudhàmani, Sugunamma, Sajani, Sureix Kumar, Sathix Kumar i Sudhir Kumar. De tots ells, Sudhàmani fou la destinada a ser coneguda arreu del món com a Mata Amritanandamayi, la Mare de la Felicitat Eterna.

Durant el seu quart embaràs, Damaianti començà a tenir visions estranyes. A vegades tenia somnis meravellosos en què apareixia Krixna, altres vegades contemplava el joc diví de Xiva i Devi, la Mare Divina. Una nit, Damaianti somià que una figura misteriosa venia per confiar-li una imatge de Krixna feta d'or pur. Aproximadament al mateix temps, Sugunànandan va somiar amb la Mare Divina. Com que era un devot de Krixna, no podia entendre per què de sobte se li apareixia Devi. En explicar-li la història a Damaianti, constatà que ella també havia tingut recentment visions estranyes. Tots dos es preguntaven què podia voler dir tot allò i si no eren presagis d'alguna bona fortuna.

En aquella època, Sugunànandan i Damaianti habitaven una petita cabana a la platja mateix, perquè així anava millor per a la seva activitat de pesca que no pas estar-se en l'altra cabana, a la propietat de la família Idamannel, a uns minuts a peu terra endins. Durant els tres embarassos anteriors, Damaianti havia experimentat una inflor de tot el seu cos poques setmanes abans de la data del part. Era el senyal perquè descansés de la rutina diària i anés a casa seva, a Bhandaraturuttu, on la família l'atendria durant el part. I Damaianti esperava aquella inflor per preparar-se per al naixement de la seva quarta criatura.

Una nit, va tenir un somni meravellós: somià que donava llum a Krixna, que el sostenia a la seva falda mentre li donava de mamar. L'endemà, es trobava treballant a la platja quan, de sobte, sentí que anava a deslliurar. Però no feu cas de la sensació perquè la inflor premonitòria encara no s'havia produït. Tanmateix, la sensació estranya persistia, i Damaianti va interrompre la seva feina. Per alguna raó, sentí una urgència inexplicable d'anar a Idamannel i, travessant sola el braç de mar, es dirigí cap a l'interior. En entrar en la petita cabana, començà a aplegar uns quants objectes, però de seguida sentí una sensació familiar i s'adonà que estava a punt de donar a llum. Amb prou feines va tenir temps d'estendre una catifa i d'ajeure-s'hi que la criatura ja havia nascut! Damaianti estava molt sorpresa. Constatà que es tractava d'una

nena. L'atmosfera que havia envoltat el naixement de l'infant era completament silenciosa i tranquil·la. A part de la sensació inicial que l'havia alertada, Damaianti no havia sentit cap malestar. Ara que tornava en si, se sentí preocupada. Era viva la criatura? No sentia els plors del nadó. L'examinà amb inquietud i quedà encara més sorpresa en veure el somriure radiant que il·luminava el rostre de la seva filla! La mirada de la nena penetrà molt profundament en el cor de Damaianti, que no l'oblidaria mai.

En aquell moment, una dona d'una casa veïna aparegué a l'entrada. De seguida es va adonar de la situació i es preocupà que la mare i la nena se sentissin confortables. Així, el matí del 27 de setembre de 1953, una nena diminuta va néixer en una humil cabana de fulles de palmeres teixides, al so de les onades de l'oceà que ressonaven allà prop, a la platja.

Els pares estaven desconcertats pel color blau fosc de la pell de la nena i pel fet que aquesta es col·locava en posició de *padmassana*[1] i plegava els dits en forma de *txinmudra*[2], amb la punta del polze i el dit índex formant un cercle. Temien que aquella ombra de color blau fosc no fos símptoma d'alguna malaltia estranya, i que la postura peculiar pogués ser conseqüència d'alguna anormalitat en l'estructura dels ossos o d'alguna dislocació. Varen consultar diversos metges. La por que no es tractés d'alguna anormalitat dels ossos va desaparèixer quan els doctors confirmaren que no hi havia cap problema d'aquesta mena. Quant al color de la pell, no es podia atribuir a herència, perquè tant Damaianti com Sugunànandan tenien la pell d'un bronzejat clar. En conseqüència, s'aconsellà als pares que no banyessin la criatura durant sis mesos, tot esperant que l'estranya malaltia acabaria desapareixent.

Passaren els sis mesos, però la nena continuava mantenint el color blau fosc, que feia pensar en el déu Krixna i en la Mare

---

[1] La postura de lotus del hatha ioga.

[2] Mudra que simbolitza la identitat del jo individual amb el Jo Suprem.

Divina Kali. Amb el pas del temps, el blau es va anar tornant morè fosc. Tot i així, quan el desig de la nena de contemplar la visió de Krixna s'intensificava, el color de la seva pell tornava a agafar aquell matís blau. Fins i tot avui en dia, sobretot durant els seus estats divins de manifestació de Krixna i Devi, hom pot observar com la seva pell agafa un to blau fosc.

Irònicament, va ser just a causa d'aquest color que Damaianti i els altres membres de la família començaren a mirar-se la amb gran menyspreu. La seva aversió per la nena fosca els va empènyer, a la llarga, a tractar-la com la serventa ingrata de la família i els parents. De fet, només es va informar d'aquell naixement al cercle familiar més íntim, perquè semblava tenir molt poca importància. No deixava de ser una nena, i Damaianti ja havia donat a llum tres fills més.

Qui podia imaginar que aquella criatura d'un estrany color blau fosc, que havia nascut somrient afablement en una petita cabana a la vora del mar d'Aràbia, era, en realitat, un gegant espiritual arribat en aquest món per portar pau i amor diví a la humanitat sofrent? Qui podia preveure el destí espiritual d'aquesta petita criatura, que havia d'ajudar a milers i milers de buscadors a creuar l'Oceà de la Transmigració?[3] Des del moment del naixement de la menuda, la família començà a observar senyals inusuals que només serien entesos anys més tard. Normalment, una criatura abans de caminar progressa a través de diversos estats de desenvolupament. Primer jeu sobre l'esquena, després roda cap a un costat i cap a l'altre, després jeu de boca terrosa i s'empeny amb els avantbraços. Poc temps després, comença a anar de quatre grapes i, uns mesos més tard, s'alça damunt les dues cames, tot agafant-se a alguna cosa. Tot això culmina en l'etapa de les primeres passes, cap a l'edat d'un any. El cas d'aquesta nena petita va ser completament diferent, cap d'aquestes etapes no va tenir

---

[3] Representació metafòrica del cicle de naixement, mort i renaixement.

lloc. Un dia, acabats de fer els sis mesos, la nena es posà dreta de sobte i travessà directament la terrassa. No gaire després, començà a córrer, la qual cosa omplí de sorpresa i joia tota la família.

La joia d'ambrosia

Els pares donaren a la seva sorprenent filleta el nom de "Joia d'ambrosia". A diferència d'altres nens, Sudhàmani començà a parlar la seva llengua materna, el malaiàlam, quan amb prou feines tenia sis mesos. La seva passió per cantar els noms divins es manifestà així que començà a parlar bé. A l'edat de dos anys, sense que ningú n'hi ensenyés, començà a recitar pregàries i a cantar breus cançons en lloança de Xri Krixna. No cal dir que la gent de la seva família es quedaven astorats quan la sorprenien fentho. Al llarg de l'any següent Sudhàmani agafà l'hàbit de cantar melodiosament els noms divins en veu alta, i ha mantingut aquest costum fins al dia d'avui. A l'edat de quatre anys, cantava amb fervor religiós composicions pròpies d'una o dues línies, asseguda davant la seva petita imatge favorita del Senyor.

Des de ben petita Sudhàmani ha estat sempre plena de vida i vigor. Era una nena obedient, que tothom estimava. Fins i tot els desconeguts sentien per ella una atracció i una afecció inexplicables. L'amor a Déu, la preocupació per les persones i altres trets admirables de la seva personalitat es manifestaren en ella des de molt d'hora. Per totes les seves qualitats virtuoses, al poble li deien "Kunju", un motiu afectuós que significa "la menuda". Curiosament, són aquestes mateixes qualitats les que van servir més tard d'excusa per a severs abusos i maltractaments per part de la seva pròpia família i altres parents.

Quan Sudhàmani va fer cinc anys, del seu cor fluïa un autèntic doll de devoció innata pel seu estimat Xri Krixna i, poc temps després, aquest amor es manifestà en forma d'autèntics cants devocionals, impregnats d'un commovedor anhel de Krixna. L'encant i la devoció amb què cantava aquelles cançons senzilles, però profundament místiques, la van fer famosa a tot el poble. Mentre salmodiava o cantava, fixava la vista en una petita representació de Krixna que sempre duia ficada entre els plecs de la brusa, i seia així, immòbil, molta estona. Aquest extraordinari comportament i la intensa devoció de la nena sorprenien tothom i atreien l'atenció de tots els devots del poble. Fins i tot s'aixecaven d'hora al matí per tal de sentir el cant angèlic de Sudhàmani saludant el nou dia.

Ampati tannile

Oh Senyor, Vós que vau protegir Gokulam,
Fill Estimat d'Ampati, Oh Senyor de l'Oceà de Llet, Vós
que sou el color dels núvols,
Vós, que teniu els ulls de lotus,
jo Us adoro aplegant les mans.

Allibereu de pecat els pecadors,
oh Vós que sou el color dels núvols foscos, Us ho prego.
Mostreu compassió per les pobres persones d'aquest poble,
us ho prego.

Oh Senyor de la flauta,
Vós que aneu vestit d'hàbit groc
i lluïu una garlanda de llessamí, veniu, si us plau,
a tocar la Vostra música.

Oh Destructor de Putana, si us plau, protegiu-me!
Oh Vós que us recolzeu sobre una serp immensa,
Oh Senyor de Gokulam, que ens heu protegit
contra les pluges torrencials, si us plau,
feu-me una amb els Vostres Peus de Lotus
i allibereu de dolor la meva ànima.

Ja en aquesta època es feien evidents alguns trets de divinitat en Sudhàmani. Mentre jugava o es dedicava a altres activitats, a vegades es quedava absorta de sobte i el pares o altres membres de la família se la trobaven asseguda, immòbil, en algun lloc solitari i aïllat. Altres vegades la trobaven asseguda vora el braç de mar, mirant fixament dins l'aigua o contemplant en silenci el cel blau com si es trobés transportada a un altre món. També era freqüent trobar-la asseguda amb els ulls tancats, en solitud, i quan tornava en si semblava que continués ben abstreta.

Incapaços d'entendre l'abast dels inusuals estats de consciència de la seva filla, els pares li retreien que no fos juganera com els altres nens. Això marcà l'inici d'un llarg període d'incomprensió i de mala interpretació dels seus envols vers les esferes divines. Els pares els preocupava que aquell comportament peculiar no fos indici d'algun desordre psicològic.

Quan Sudhàmani va fer 5 anys, la van inscriure com a alumna de primer grau en una escola de Sraiitxadu, el poble del costat. Ja en aquesta edat mostrà una intel·ligència i una memòria extraordinàries. Era capaç de recordar sencer un text sentit una sola vegada i podia recitar sense esforç qualsevol lliçó només d'haver-la sentida a classe o llegida. Al segon grau ja recitava sense problema les lliçons de les classes superiors només d'haver-les sentit llegir en veu alta. Els seus companys més grans, entre els quals hi havia un seu germà i una germana, a vegades eren severament castigats per haver estat incapaços d'aprendre's de memòria els versos d'un poema. Mentre que la petita Sudhàmani, que anava a una classe inferior, cantava melodiosament aquells poemes i dansava al so de la melodia com una papallona delicada. Tots els mestres s'admiraven de la sorprenent memòria de Kunju i la tenien en molta consideració. Obtenia les notes més altes i era la primera de la classe, tot i que sovint no hi podia assistir a causa de les seves responsabilitats domèstiques.

Un altre incident que il·lustra l'extraordinària memòria de Sudhàmani va succeir quan tenia cinc mesos. Damaianti va sortir de casa i deixà el nadó a cura de Sugunànandan. Per alguna raó, la criatura se sentí inquieta i va començar a plorar. Desconcertat davant d'aquell comportament inhabitual, Sugunànandan va fer molts esforços per consolar-la, però no ho va aconseguir. Exasperat, acabà perdent la paciència i va llançar la petita damunt del llit. Molts anys més tard, Sudhàmani li comentà al seu pare: "Oh, com em vas llançar aquella vegada! M'hauries pogut matar!" Primer Sugunànandan no va entendre a què es referia Sudhàmani, però de seguida recordà el vell incident i quedà astorat, una vegada més, davant la memòria de la seva filla.

Quan Sudhàmani tenia temps lliure a l'escola, el dedicava a fer els deures, pensant que, així, en tornar a casa podria emprar tot aquell temps per pensar en el nom de Déu. Quan arribava a casa, primer ajudava la seva mare en les feines domèstiques i després s'abstreia cantant cants devocionals.

Des de ben petita Sudhàmani tenia molta cura amb l'ús apropiat del temps, mai no el perdia. Mentre es dedicava a les feines de casa, cada vegada més nombroses, cantava constantment el nom diví de Krixna. Passava els dies i les nits absorta en el seu món, visualitzant la bellíssima forma del seu estimat Krixna dins del seu cor mentre repetia el nom diví.

A la casa on Sudhàmani va passar la seva infantesa només hi havia dues habitacions minúscules i una cuina. Per tal d'alleugerir el problema d'espai, Sugunànandan construí una petita estança vora l'estable. Servia d'estudi per als nens, però també era on la petita Sudhàmani va passar els dies de la seva infantesa meditant i cantant cants devocionals. Hi havia dos refugiats més dins l'estable, una dona abandonada que es deia Potitxi, que era perruquera, i el seu fill. Sugunànandan els havia permès de viure-hi, compadit de la seva situació. Potitxi, la dona perruquera,

estimava molt Sudhàmani, sempre la portava a coll i en aquells dies se n'ocupava molt més que no pas Damaianti.

Així doncs, Sudhàmani vivia a l'estable, amb tot el seu cor i ànima concentrats en la forma encantadora del senyor Krixna. I tal com Xri Krixna estimava les vaques, també les adorava la noieta. Qualsevol moment lliure que tenia el dedicava a seure amb elles en solitud, perduda en un somieig diví, fruint d'èxtasi en l'enyor de la visió resplendent de Krixna.

A causa de la seva naturalesa amorosa, Sudhàmani sempre es trobava envoltada d'infants. Així que podien, anaven a casa dels Idamannel per jugar amb ella i l'acompanyaven a collir herba per a les vaques. Tot i que els menuts no tenien cap interès per aquella feina tan cansada, l'ajudaven encantats per tal de gaudir de la seva alegre companyia. Tots sentien per ella una misteriosa atracció i un fort lligam d'amor. En acabar la feina, Sudhàmani embarcava les criatures en diversos jocs i aconseguia encantar-los amb la representació de Krixna Lila, les entremaliadures de Krixna quan era nen. No li costava gens fer que tot el grup cantés en veu alta les cançons devocionals que no paraven de fluir del seu esperit.

Ningú no podia entendre els estats espirituals de Sudhàmani, que cada vegada eren més i més intensos. A mesura que passaven les setmanes i els mesos, cada vegada romania més temps absorta en les seves activitats pietoses, i hom la sentia cantar amb un desig ardent de contemplar la bellesa divina del seu Senyor. Els seus estats extàtics eren cada cop més freqüents i no sempre es limitaven a l'estable. A vegades Sudhàmani s'oblidava del món que hi havia al seu voltant i es posava a dansar en èxtasi, movent-se en cercles i cantant cants devocionals. Aquest el va compondre quan tenia set anys:

Protegiu-me, oh Déu Suprem
que viviu a la ciutat de Guruvaiur.
Oh infant Krixna, Vós que vau fer de vaquer,

oh Senyor de l'Univers, consort de la Deessa Lakxmi,
protegiu-me, oh Krixna, l'Estimat de Radha,
oh Krixna, l'Estimat de les Gopis,
oh Krixna, fill de Nanda,
oh Krixna, Vós a qui tothom venera i adora.

La família i els veïns no comprenien en absolut els estats exaltats de la petita Sudhàmani i se'ls miraven com a mers jocs infantils. Qui podia imaginar que aquella nena de set anys, sense cap instrucció especial, nedava en l'oceà de Goig i d'Amor pur? A vegades Kunju es tancava en una habitació per cantar i dansar en èxtasi, completament fora del món extern. En una d'aquestes ocasions, Damaianti, en fer una ullada per la porta, exclamà: "Mira com balla la nostra filla! L'hauríem de dur a classes de dansa!" Només coneixien la dansa d'aquest món, mai havien sentit a parlar d'algú que dansés embriagat de Goig diví. Si hi hagués hagut present algú que hagués estudiat les vides de les grans ànimes, potser hauria reconegut els estats espirituals de Sudhàmani. Tot i així, qui podia imaginar-se un infant tan jove en èxtasi? I la família va concloure que es tractava de pures entremaliadures de la seva filla, una nena lleugerament excèntrica i amb una imaginació exuberant.

L'anhel de Sudhàmani per contemplar el seu Déu Suprem i submergir-s'hi no parava de créixer en profunditat. Constantment treia la petita representació de Krixna que duia amagada entre els plecs de la brusa i la mirava fixament. Abocant-hi tot el seu cor, amb cants i pregàries, la nena suplicava:

"Oh, estimat Krixna, veig tanta d'aflicció i tant de sofriment al meu voltant! O, Krixna! Si us plau, no abandoneu aquesta petita criatura. Sempre us crido; no vindreu a jugar amb mi?"

Aquest altre cant va ser compost per Sudhàmani a l'edat de vuit anys i dóna una idea de la seva profunda intensitat espiritual:

Kanivin porule

*Oh, Vós, que sou l'essència de la misericòrdia
i de la compassió,
oh Krixna, doneu-me refugi!*

*Oh, Krixna, que potser desconeixeu la causa
d'aquestes llàgrimes ardents que no paren de vessar-se?*

*Oferint flors als Vostres peus,
que van aixafar la serp Kàliia,
jo us adoraré, oh Krixna.*

*Vós vau venir conduint el carro d'Arjuna
a Kurukxetrà per protegir la veritat i la rectitud.
Oh Senyor, que preserveu el Dharma,
mostreu una mica de compassió per nosaltres!*

*Oh Senyor del Guita, amant de la música divina,
atorgueu-me la capacitat de cantar-vos.
Oh amant dels cants devocionals,
no sentiu els Vostres noms sagrats
pronunciats des del més pregon d'aquest cor?*

El rostre desconsolat i les cançons afligides de la petita captivaven el cor dels vilatans. Però el gran misteri de la vida interior de Sudhàmani continuava essent impenetrable. Qui podia imaginar l'èxtasi de la seva devoció infantil? Qui podia entendre-ho, fora dels savis?

Capítol 2

La serventa divina

"La Mare és la serventa dels servents. No té lloc propi per residir. Resideix en els vostres cors."

Mata Amritanandamayi

kāminīriti hi yāminishu khalu kāmanīyaka
    nidhē bhavān
pūrnasammada rasārnavam kamapiyōgigamya
    manubhāvayan
brahmaśankara mukhānapīha paśupanganāsu
    bahumānayan
bhaktalōka gamanīyarūpa kamanīya driśna
    paripāhi mām

*Oh Bellesa infinita! Vós que, durant nits i nits, atorgàreu
a les gópiques boges d'amor, aquella joia de l'esperit,
immensa i intensa, que només els ioguis atenyen, i així
les feres mereixedores de respecte fins i tot als ulls de
Brahma i Xiva. Oh, Krixna, el de bellíssima forma,
accessible només als éssers de gran devoció! Concediu-me
la Vostra gràcia i protegiu-me!*

Xrímad Naraianíiam, cant 69, versicle 11

Quan tenia nou anys Sudhàmani començà a fer el quart curs a
l'escola. En aquella època queien sobre ella la major part de les
feines de la casa, perquè la seva mare tenia una malaltia crònica.
Es llevava abans de l'alba, feia tot el que havia de fer i només
quan havia acabat corria cap a classe. En tornar a casa, a la tarda,
dedicava a la pregària i la meditació tot el temps lliure que li
deixaven les seves altres responsabilitats. Sempre duia a sobre la
seva estimada imatge de Krixna, l'abraçava i la besava, plorant.

A vegades Damaianti anava a cercar aigua a un lloc distant,
deixant Sudhàmani a casa, però la nena la seguia d'amagat,
pensant que la seva mare podria necessitar la seva ajuda. Si Dama-
ianti intentava impedir-li que la seguís, Sudhàmani protestava

enèrgicament. A vegades, exasperada per la tossuderia de la seva filla, la mare la tancava dins d'una habitació. Intentava fer-li por tot dient-li: "Hi ha un fantasma que ve a buscar-te!" Però ningú no podia espantar Sudhàmani. Era una nena valenta, que no tenia por de res, i amb això es guanyava encara més el respecte dels vilatans, que ja sentien una gran afecció per aquella criatura extraordinària. En el poble hi havia una dona coneguda per la por que els feia als nens. Quan els nens no feien bondat, els pares solien cridar-la perquè els fes por i així es tornessin més obedients. Es deia Appissil Amma, i a vegades la cridaven a ca n'Idamannel per espantar la petita Sudhàmani. La dona, coberta amb un sac, ficava el cap per la finestra i començava a saltar, cridar i gesticular per fer-li por. Però Kunju, li deia, amb coratge: "Ves-te'n! Ja sé qui ets. Ets l'Appissil Amma i no em fas por!"

Sudhàmani invocava el seu estimat Krixna com una nena totalment desemparada i desesperada. Per a la gent del poble era algú que vivia en un altre món. Incapaços d'entendre la raó de l'agonia de la petita, mostraven la seva simpatia tot dient: "Quina llàstima! Pobra criatura! Què li deu haver passat perquè sempre estigui plorant? Quina condició tan trista! Potser ha nascut només per plorar? O és que la família la maltracta? Què deu haver fet per patir tant?" Tothom sentia pietat per Sudhàmani i alguns intentaven fins i tot consolar-la. Però qui podia apagar la seva set insaciable d'unió espiritual, que no fos l'Estimat de les gopis?

L'equanimitat de Sudhàmani, el seu caràcter noble, la seva compassió per totes les criatures vivents i els seus cants deliciosos s'havien guanyat l'estimació dels vilatans. Els qui tenien la sort de conèixer-la aviat li obrien el cor. Però desgraciadament no passava el mateix amb la seva família. La mare i el germà gran li eren especialment hostils per causa del seu comportament inhabitual.

Amb el temps, després del naixement de cinc infants més, la salut de Damaianti es deteriorà completament, tant que ja no va poder ocupar-se més de les feines de la casa. Ara aquestes feines, que ja eren compartides per Sudhàmani, caigueren totalment damunt la responsabilitat d'aquesta, mentre Kasturi i Súbhagan, la noia i el noi grans, anaven a escola. Les penes i tribulacions no feien més que augmentar. Sudhàmani es matava a treballar des de les tres de la matinada, netejant la casa, escombrant, anant a buscar aigua, cuinant, tenint cura de les vaques i munyint-les, rentant la roba i la vaixella.

Aquesta dura rutina era una càrrega molt pesada per a la nena. Pensem que ocupar-se del bestiar i de les aus ja era prou feina per a una sola persona. Però Sudhàmani ho feia tot amb paciència i devoció, sense queixar-se. A causa de la sobrecàrrega, pràcticament va deixar de poder anar a escola. Si aconseguia acabar-ho tot, se n'hi anava corrents, però, a vegades, quan arribava, la classe ja havia començat, i el mestre, per castigar-la pel retard, no la deixava entrar. Però fins i tot obligada a restar fora, Sudhàmani seguia amb interès les lliçons i aconseguí acabar el quart curs.

Però en arribar a cinquè ja no va poder continuar compaginant els estudis amb les inacabables responsabilitats domèstiques. A deu anys va haver d'abandonar l'escola. Treballava de sol a sol. Però tot i la feina esgotadora, la petita no parava de cantar els noms divins del seu estimat Krixna. A vegades, enmig d'una tasca, quedava tan absorta en la seva devoció que s'oblidava de tot el que tenia al seu voltant.

Com hem dit més amunt, el dia de Sudhàmani començava ben abans de l'alba. Si alguna vegada es quedava adormida d'esgotament, Damaianti no dubtava a ruixar-la amb una gerra d'aigua freda. La primera cosa que feia en llevar-se era picar closques de coco amb una mà de morter fins a convertir-les en fibres suaus, que servien per fer cordes artesanals, un producte local. Després començava la primera ronda de feines: netejar el pati i la casa, anar a buscar aigua a la font del poble, que es trobava a certa distància, rentar la vaixella, cuinar, ajudar els germans petits a preparar-se per anar a l'escola. La segona ronda de feines consistia a rentar les vaques, donar-los farratge, tornar a rentar la vaixella que s'havia fet servir per a l'esmorzar, rentar la roba de la família i collir herba per al bestiar. Amb tot això es feien les quatre de la tarda, l'hora en què els seus germans tornaven d'escola. Sudhàmani els preparava un berenar lleuger i un te i encara trobava temps per passar per les cases dels veïns a recollir restes de vegetals i arròs per a les vaques. Per si fos poc, Damaianti li havia manat que fes algunes feines domèstiques a les cases que visitava si veia que no estaven prou ben ateses. Després la nena preparava el sopar per a la seva família i rentava els plats sense que l'ajudés ningú.

Sudhàmani era considerada com la serventa de la casa i totes les feines carregaven sobre ella sola. A més, Damaianti la vigilava de prop i si detectava algun error, per petit que fos, la castigava tot seguit. L'únic amic de Sudhàmani, la seva única inspiració, era Krixna. Mentre anava acomplint les seves nombroses obligacions, el record intens del seu estimat Senyor li feia venir llàgrimes als ulls, i podia passar hores senceres plorant, contemplant la Seva forma meravellosa.

La jornada de Sudhàmani acabava cap a les 11 de la nit. Era llavors quan la nena podia descansar una mica. Però no descansar estirada sobre el llit o dormint. Esperava aquell moment per descansar en ella mateixa, per estar amb el seu Senyor. Quan tothom dormia, ella seia en el petit oratori familiar i abocava tota la seva ànima en cants devocionals dedicats a Krixna. En la foscor de la nit, Sudhàmani cantava, plena d'enyor, fins que acabava adormida.

Krixna niiennil karuniamekane

Oh, Krixna, tingueu compassió de mi!
Oh, Vixnu, Senyor,
Us adoro ajuntant les mans en pregària!

Allibereu-me de la càrrega de la paraula, la ment i el cos!
Protegiu-me amb el Vostre afecte, us ho prego!

Oh, Krixna, amic dels desventurats,
no teniu ni un bri de compassió?
Us esteu només en el temple d'or?
S'han enfosquit els Vostres ulls radiants?

Oh, Oceà de Compassió,
amorós amb els Vostres devots!
Els Vostres peus són el suport etern!

Ja en aquella època, l'esperit de Sudhàmani vivia tan extasiat que s'envolava instantàniament als espais de la divinitat davant de qualsevol cosa que hagués vist o qualsevol cançó que li capturés el cor. Un dia, en tornar a casa després de comprar al mercat, va sentir la melodia d'una cant devocional venint de lluny. Atreta per la cançó i en un estat semiconscient, es girà i caminà en direcció al lloc d'on procedia la melodia. El lament venia de la casa d'una família cristiana on aquell dia s'havia mort algú. Els familiars seien al voltant del cos, cantant himnes, plens de tristesa. Commoguda fins al fons del cor, la nena va perdre el món de vista i entrà en un estat de beatitud divina. Tenia els ulls tancats i les llàgrimes li baixaven galtes avall. Totes les compres que havia fet li van caure de les mans. La família reunida allí no sabia com reaccionar davant la transformació d'aquella nena desconeguda i van pensar, erròniament, que a ella també l'afectava la mort d'aquella persona.

Així passà una mitja hora. Finalment Sudhàmani va recuperar en part la seva consciència normal, va recollir tot el que li havia caigut i corregué cap a casa seva, però va fer tard. Damaianti l'esperava, molt enfadada, i, en un rampell d'ira, la va pegar amb violència. La petita es trobava encara en estat d'interiorització i va rebre el tracte agressiu de Damaianti tranquil·la i en silenci. Quina força externa pot distreure un esperit absort en Déu?

A part de la seva intel·ligència excepcional, del seu bon humor impertorbable, la seva devoció exemplar i els seus cants punyents, Sudhàmani era coneguda també per la seva gran compassió envers els pobres i necessitats. Tot i que la nena s'esforçava a servir i complaure la mare, Damaianti, que tenia molt de geni, no dubtava mai a castigar-la amb severitat per qualsevol error real o imaginari. Hi havia una raó especial per a l'aversió de Damaianti per la petita Sudhàmani: el seu color fosc. A més, a vegades la descobria agafant d'amagat mantega, llet o mató, com el famós lladre de mantega, Xri Krixna. El que Damaianti va trigar a descobrir és que el menjar robat anava a parar a famílies necessitades amb què Sudhàmani havia fet relació.

La nena agafava d'amagat de tothom llet i mató, substituïa les quantitats sostretes per aigua i s'ho enduia. Si era descoberta, rebia invariablement una bona pallissa. Sovint els seus germans, abusant de la tendència compassiva de Sudhàmani, també robaven, però per a ells mateixos, i després acusaven la germana. Tot i que sabia qui era l'autèntic lladre, Sudhàmani no deia res i suportava en silenci els cops.

Quan s'assabentava d'alguna família que passava gana, Sudhàmani treia diners de la caixeta on la seva mare guardava el necessari per a les compres diàries. Si no ho aconseguia, pidolava diners al seu pare sense parar fins que aconseguia que li donés alguna moneda. Quan aquests dos sistemes fallaven, aleshores agafava menjar del migrat rebost familiar i el donava a la família necessitada.

Excepte algunes entremaliadures infantils i alguns rampells eixelebrats, totes les malifetes de Sudhàmani tenien una intenció altruista. Els seus actes eren fruit de la seva compassió innata per tothom que patia. Però les seves accions caritatives encara enrabiaven més Damaianti, que no parava d'infringir-li càstigs corporals. A Sudhàmani no li importava el seu propi sofriment, ella pouava una gran satisfacció i alegria en el fet d'ajudar els altres i portar-los pau. Els càstigs no evitaven que continués amb les seves pràctiques benefactores. Mai no va deixar entreveure a ningú el que havia de suportar per servir els pobres del poble.

L'activitat de la pesca feia que Sugunànandan fos sovint fora de casa durant dies seguits. Solia tornar quan tots els nens ja dormien. Així que arribava a casa, Damaianti l'assetjava amb l'enumeració de tots els greuges contra la seva filla serventa. En una d'aquestes ocasions, Sudhàmani, que feia veure que estava adormida, de sobte va cridar: "Jo no sóc la vostra filla! Dec ser la vostra jove!" Damaianti va quedar glaçada en sentir l'exabrupte de la nena. El sentit era clar: li recordava a Damaianti que una mare autèntica perdonaria amb paciència les faltes de la filla, mentre que només una sogra informaria amb tanta escrupolositat dels errors de la seva jove, exagerant-los deu vegades més.

Qui podia imaginar que l'ànsia inesgotable de la petita Sudhà-mani per alleujar la pena i els sofriments de la gent aviat portaria a milers i milers de persones de tot el món a les llunyanes platges de la mar d'Aràbia, talment com un oasi atrau els qui moren de set en un desert? Com podia afigurar-se algú que Sudhàmani, una nena de deu anys escassos, estava creant en aquell remot poble de pescadors una onada de compassió destinada a ser sentida arreu del món?

Tot i que Sudhàmani complia amb totes les feines amb plena dedicació, la mare l'advertia sovint "Ei, noia! No facis el mandra! Si fas el gandul, Déu no et donarà feina i moriràs de gana. Prega sempre a Déu que et doni feina. Tothom ho fa." I Sudhàmani adoptà la pregària: "Oh, Krixna, doneu-me feina, doneu-me la Vostra feina, us ho prego!"

La paciència, resistència i sacrifici que mostrava Sudhàmani eren increïbles. La seva capacitat de suportar qualsevol cosa tot recordant sense interrupció el nom del seu Estimat, anunciava l'adveniment d'una nova gran ànima dins del llegat indi d'éssers realitzats. Tot i que havia de suportar grans proves i maltractaments, s'ho prenia com un favor de la divina providència. Guardava tota la seva tristesa dins del seu cor i la confiava únicament al Flautista Diví, Krixna.

En la foscor de la nit, rere les portes tancades de l'oratori familiar, pregava Krixna amb els ulls plens de llàgrimes:

"Oh, Krixna, estimat, ningú més que Vós podeu entendre el meu cor. Aquest món és ple de dolor i sofriment. L'egoisme domina a pertot. La gent només busca la seva pròpia felicitat i el seu propi plaer. Estimat Kanna[1], el meu únic desig és fondre'm amb Vós. Oh, Senyor, no heu vist el meu sofriment d'avui? Oh, Senyor, veniu, si us plau! Deixeu-me veure la Vostra divina forma! Tot aquests sofriments no representen res per a mi, però estar separada de Vós és una agonia!"

La cançó que segueix va ser composta per Sudhàmani durant aquest període:

Karunia murte

Oh, Krixna, el de la pell fosca,
encarnació de la compassió!
Digneu-vos obrir els Vostres ulls.
No sou el destructor del dolor?
Si ho sou, atureu els meus sofriments!

En aquest món Vós sou el refugi,
Vós, el de colors brillants,
amb ulls com a pètals de lotus vermell.
Us adoro per sempre
amb les flors de les meves llàgrimes, oh Krixna.

---

[1] Un dels noms de Krixna.

Oh Gopala, encantador de la ment,
em moc a les palpentes en la foscor.
Oh Vós, que ompliu els catorze móns,
oh Xrídhara, obriu els Vostres ulls
i allibereu-me del dolor.

Passaren tres anys d'enyor intens i de proves doloroses. Als tretze anys, Sudhàmani continuava treballant àrduament. A mesura que es feia gran, també augmentaven les seves responsabilitats. Ella continuava la seva lluita com abans, sense queixar-se mai. Al mateix temps, les seves pràctiques espirituals s'anaven fent cada cop més intenses. Els seus llavis sempre s'estaven movent, pronunciant el nom diví. El nom sagrat fluïa del seu cor en un corrent ininterromput, tant internament com externament.

La vida amb els parents

En aquella regió costanera no era fàcil trobar servents per treballar a la cuina i fer altres feines domèstiques, perquè hi havia activitats molt més ben pagades, com ara la fabricació de xarxes de pesca o la producció de fibres de coco. A més, la gent del clan de pescadors consideraven qualsevol feina que no fos pescar com a indigna. Per això les noies que abandonaven els seus estudis es veien forçades a dedicar-se de ple a les feines domèstiques. Fins i tot sovint eren enviades a casa dels parents a servir; era habitual recórrer a l'ajuda d'aquestes nenes en l'entorn familiar.

Aquest era el cas de Sudhàmani. Els parents van insistir molt que servís la gent de la família i els pares, finalment, cedint a la pressió, van enviar Sudhàmani a casa de l'àvia materna. I Sudhàmani passà els quatre anys següents servint en diverses cases del grup familiar.

L'àvia de Sudhàmani vivia a Bhandaraturuttu, a sis kilòmetres al sud de Paraiakadavu. Es podia arribar al poble en barca, navegant pel braç de mar, o caminant per la vora de la mar d'Aràbia. Qualsevol dels dos trajectes, com ens podem imaginar fàcilment, tenia un efecte embriagador per a Sudhàmani. Asseguda a la barca, contemplava el cel blau, plorant suaument d'alegria, amb el pensament centrat en el seu Krixna de pell blavenca, i cantant "Om" en harmonia amb el zumzeig del motor. Enfocava la seva atenció en les onades menudes que dansaven a la superfície de l'aigua, mentre visualitzava la forma del seu Estimat i imaginava el Seu joc diví. Entrava en un estat de fervor pietós i el seu "Om" suau s'anava transformant en un cant devocional. El seu deliciós cant no sorprenia els altres passatgers, perquè sempre havien considerat aquella nena com algú que pertanyia a un altre món. Sudhàmani perdia de vista la realitat durant aquestes pràctiques i mai se li va fer llarg el recorregut.

L'alegria del viatge en barca va durar poc. Un dia que demanava diners a la seva mare per pagar el trajecte, Damaianti de sobte la va renyar, dient: "Qui ets tu, per anar en barca? On et penses que vas, a la universitat? Camina, que no et mereixes res més!"

Era el moment en què Kasturi havia començat els seus estudis superiors, un rar privilegi per a una noia de la costa. Damaianti se'n sentia molt orgullosa i sempre li donava diners suficients per a les seves despeses diàries. Fer estudis superiors era realment un fet extraordinari entre aquelles famílies, perquè la majoria eren massa pobres per pagar els estudis als seus fills. Fins i tot si els pares podien pagar, sovint abandonaven la idea quan els fills mostraven manca d'interès o d'iniciativa. Per això es pot entendre que Damaianti mostrés un cert orgull.

Sudhàmani, una simple serventa i amb la pell fosca, passava totalment desapercebuda, abandonada i incompresa per la seva pròpia família. Malgrat tot, ella acceptava tranquil·lament la discriminació i la pobresa, plena sempre de la presència de Krixna. No la molestaren gens les aspres paraules de la seva mare. Al contrari!

Se sentia feliç d'haver d'anar a casa de la seva àvia caminant per la vora de l'aigua. Era tota una benedicció poder fer el camí sola, cantant i ballant, plena de joia! La caminada de sis kilòmetres va esdevenir una gran experiència per a Sudhàmani, per qui l'oceà era com una mare.

Podem imaginar-la fàcilment caminant al llarg de la platja, cantant a plena veu, acompanyada pel so de les onades. A mesura que s'anava oblidant del món extern, les seves passes s'anaven fent més i més lentes. La vista de l'oceà blau fosc i dels núvols grisos anunciadors de tempesta li captivaven l'esperit. El fragor de les onades li recordava l' "Om" i tenia invariablement un efecte d'intoxicació divina sobre la noia. Veia Krixna en les aigües i a vegades corria a abraçar-les! La brisa de l'oceà li semblava una carícia de Krixna en persona. A vegades es posava a cridar fort "Krixna! Krixna!". Profundament absorta en un estat de devoció suprema, avançava amb passes vacil·lants i a vegades, fins i tot, perdia la consciència i queia damunt la sorra.

En tornar parcialment a l'estat de consciència normal, Sudhà-mani arrencava a plorar, tot pregant:

"Kanna, estimat Krixna, veniu aviat! On heu anat, deixant-me aquí sola? Per què m'heu abandonat en aquesta platja desconegu-da? On sóc? Oh, estimat Krixna, veniu aviat abans que les onades d'aquest Oceà de Transmigració no m'engoleixin! Oh, Krixna, aixequeu aquesta pobra desemparada de la sorra dels plaers. No sou el Salvador dels Vostres devots? No coneixeu el dolor del meu cor? Quina falta he comès perquè em deixeu sofrir així? Oh, Senyor de tots els móns, no mostrareu una mica de compassió cap a aquesta humil serventa Vostra? Dia rere dia espero sentir el so màgic de la Vostra flauta divina. Oh, Krixna, veniu! Us ho prego!"

Al cap d'una estona recuperava un estat d'esperit manejable i continuava el seu camí platja enllà, sense deixar de cantar en èxtasi. Encara queia diverses vegades més sobre la sorra, aliena al món del seu entorn.

Karunia varidhe

Oh, Krixna, Oceà de Compassió,
les misèries de la vida no paren de créixer.
La ment no coneix la pau.
La confusió, ai! és tan gran…
Perdoneu tots els meus pecats,
eixugueu la suor del meu front.
Oh, Kanna, no tinc més suport
que els Vostres adorats Peus de Lotus.

Oh, Krixna, la meva gola s'asseca,
els ulls em fallen,
els peus estan cansats,
caic a terra, Oh Krixna.

D'aquesta manera, bevent el nèctar de l'amor suprem i la devoció, Sudhàmani arribava a casa de la seva àvia, per afrontar una càrrega de treball esgotadora. Tot i així, la noieta no parava de cantar amb alegria els noms de Krixna mentre anava complint la seva tasca. Per ella cada moment de la vida era una oportunitat atorgada pel Déu Suprem per servir-lo i recordar-lo.

De tant en tant enviaven Sudhàmani a un molí de gra a certa distància de casa de l'àvia per treure la closca de l'arròs. Ella feia el viatge amb alegria, cantant els seus cants devocionals preferits mentre caminava. Abans d'arribar al graner havia de passar per una part del poble on vivien diverses famílies en una pobresa extrema. Sudhàmani, que era l'encarnació de la compassió, sentia que se li trencava el cor en veure les penalitats d'aquella gent. Quan tornava cap a casa després d'haver passat l'arròs pel molí, solia donar una part d'aquell arròs a les famílies que feia dies que

2 – La serventa divina

passaven gana. A vegades l'àvia s'adonava que hi faltava una part i, pensant que Sudhàmani ho havia venut per pagar-se alguna cosa per menjar, la renyava i la pegava. Per més que pressionessin Sudhàmani, aquesta mai no va revelar el nom de la família a què havia donat l'arròs. Pensava que si ho deia, l'àvia aniria tot seguit a barallar-s'hi.

Mentre s'estava a Bhandaraturuttu, Sudhàmani l'enviaven a vegades a guardar els camps d'arròs acabats de segar per defensar-los dels corbs i les gallines. Com que el camp era força lluny, aquesta obligació li permetia de trobar-se sola, sense la família, durant una bona estona i dedicar-se a recordar el Senyor i pregar. Cada respiració seva ressonava amb el nom de Krixna. El seu amor i la seva devoció eren tan intensos que sovint queia a terra vora del camp, plorant.

Un gran consol per a Sudhàmani era el fet que la seva àvia fos una devota de Krixna. A la casa hi havia un retrat Seu penjat a la paret. Sudhàmani solia estar-se dreta al davant del retrat, tot cantant-li cançons al seu Senyor. En aquelles ocasions, el seu oncle, Ratnadassan, que s'estimava molt la petita, li oferia una cadira perquè hi segués mentre pregava i no hagués d'estar-se tanta estona dreta. Però Sudhàmani ho refusava, dient: "Oh, com puc seure mentre Krixna està dret!" La representació del Senyor no era per ella un paper pintat, era Krixna present en carn i ós. Per a un autèntic devot no existeix la matèria inerta, cada objecte manifesta la glòria de Déu.

Atrets pels càntics commovedors de Sudhàmani, els veïns sovint s'acostaven a sentir-la. Els cants exaltats de la nena sempre omplien els seus esperits d'amor i devoció. De mica en mica, també es van anar aprenent aquelles composicions i les cantaven en els seus propis santuaris. Per prevenir Sudhàmani contra el mal d'ull[2], el seu oncle li posava al front cendra sagrada, tot pronunciant pregàries especials.

Passaren la tardor, l'hivern i la primavera. Quan Sudhàmani va fer 14 anys, la van enviar a casa de la germana gran de Damaianti. Com sempre, es va trobar amb una pesada càrrega que assumia tota sola. Primer havia de bullir l'arròs complet, després assecar-lo al sol. I cuinar, netejar, rentar la roba. Tots els nens de la família estudiaven i consideraven denigrant el treball de la casa. No creien en Déu, es reien sense pietat de l'actitud devota de Sudhàmani i feien tot el que podien per tal d'impedir-li de cantar. Què havia de fer la pobre noia, rodejada de gent tan insensible? Quan a vegades aconseguien impedir-li que cantés, arrencava a plorar, amagant la cara entre les mans. Però encara que l'haguessin fet callar externament, ningú no podia observar el corrent ininterromput d'amor que fluïa del seu cor cap al seu Estimat.

Com que la casa es trobava vora l'oceà, tota l'aigua que hi havia pels voltants era salada i Sudhàmani havia d'anar a buscar aigua potable remant en una petita barca fins a una font d'aigua dolça. A vegades transportava els fills dels seus parents per dur-los a escola i també altres nens, amb gran plaer.

En el viatge de tornada, asseguda dins la barqueta, la noia fruïa de la bellesa de l'escenari natural. Mentre invocava lliurement el seu Senyor, el seu anhel de veure Krixna es feia cada cop més intens dins del seu cor. Es dirigia a les suaus onades que apareixien a la superfície del riu tot preguntant:

"Oh, petites onades, no heu pas vist el meu Krixna, el de color blau fosc com de núvol carregat de tempesta? Heu sentit mai la dolça música de la Seva flauta encisadora?"

El moviment de les onades li semblava una resposta negativa al seu interrogant. Tota plorosa, pensava:

---

[2] Es tractava d'una superstició estesa en aquella zona.

"Oh, aquestes petites onades pateixen com jo una gran agonia perquè no poden veure Krixna."

En tot hi veia el reflex del seu propi dolor intolerable degut a la separació. Implorava amb veu forta:

"Oh, núvols blaus del cel infinit, on heu amagat el meu estimat Krixna? Oh, grues blanques que voleu lleugeres pel cel, aneu potser a Vrindavan?[3] Si us trobeu per casualitat amb Krixna, si us plau, parleu-li d'aquesta pobra criatura que està sempre plorant pensant en Ell!".

Aviat Sudhàmani perdia tota consciència del món exterior i romania asseguda dins la barca, quieta com una estàtua. Quan recobrava, a poc a poc, el seu estat normal de consciència, es trobava asseguda dins la barca anant a la deriva, enduta pel corrent. Com que aquests estats d'exaltació espiritual es produïen espontàniament, hi havia vegades en què l'abocaven a perills que haurien pogut costar-li la vida.

Un dia la petita, acabada la feina de treure la closca a l'arròs, va agafar la seva barqueta per tornar cap a casa. Mentre anava remant, tot contemplant el cel, va veure núvols de tempesta que es congriaven a l'horitzó. Aquella vista omplí el seu cor innocent amb el pensament del seu estimat Krixna de pell blava. Just després va perdre tota consciència del món exterior i entrà en samadhi[4]. El rem li va caure de les mans. Amb els ulls fixos en el cel romania abstreta de tot el que l'envoltava, en quietud absoluta. Absent del món, tan sols pronunciava de tant en tant " Krixna, Krixna!". El corrent s'enduia la canoa a la deriva. De sobte, el bram d'un motor anuncià la proximitat d'un gran vaixell, que avançava directament en direcció cap a la petita barca de Sudhàmani! Els passatgers

---

[3] L'indret on Krixna passà la Seva infantesa i on avui viuen innombrables devots Seus.

[4] Estat avançat de meditació en què la consciència personal es troba completament fosa amb la Consciència Suprema.

del vaixell es posaren a cridar, alarmats, però no aconseguien despertar-la. La gent que hi havia a la riba del riu també cridaven i alguns fins i tot llençaven pedres a l'aigua vora d'ella. Al final, en el darrer moment possible, la noieta va reprendre parcialment la consciència i d'alguna manera aconseguí conduir la barca fora de perill.

Un any més tard Sudhàmani va ser enviada a casa del germà gran de Damaianti, Anandan, a la ciutat de Karunàgapal li, a uns 10 kilòmetres de Paraiakadavu terra endins. La noia duia a terme amb sinceritat i entusiasme tot el treball quotidià, per a gran satisfacció d'Anandan i la seva dona, que fins i tot la recompensà amb un parell d'arracades en agraïment a la seva dedicació sincera a la feina.

La compassió pels pobres era un dels trets essencials del caràcter de la jove Sudhàmani. Tant si era a casa del seu oncle, com a casa de la tia, com a casa de la seva pròpia família, res no l'aturava mai d'ajudar els necessitats. Als entorns de la casa de l'oncle vivien moltes famílies musulmanes, bona part d'elles molt pobres. La noieta s'embutxacava en secret alguns productes de casa del seu l'oncle i els duia als necessitats. Al començament no se n'adonava ningú, però aviat va ser descoberta. La tia la va pegar en diverses ocasions, però Sudhàmani mai no es va sentir ofesa. Pensava:

"Per què hauria de sentir-me ofesa? L'aversió sorgeix quan un se sent diferent de l'altre, però jo mai no me sentit separada de ningú. Fins i tot els meus pares em peguen, llavors per què no hauria de ser tractada de la mateixa manera aquí?"

Tot i les reiterades i severes pallisses, Sudhàmani mai no va deixar de mostrar misericòrdia pels afligits i continuà amb el seu costum de portar coses a la gent. Aquests incidents mostren la immensa paciència, compassió i indulgència que formaven part de la seva naturalesa. Qualsevol cosa que li passava la interpretava com una lliçó i oferia la seva vida en un sacrifici únic que preparava el seu futur missatge d'amor.

L'aguda intel·ligència de Sudhàmani penetrava cada situació per extreure'n els principis espirituals essencials. Més tard descriuria totes les proves que havia hagut de passar com una gran benedicció atorgada a ella per Déu per entendre la naturalesa efímera del món i de les seves relacions. Com ella després diria:

"Totes aquestes experiències m'ensenyaren amb absoluta claredat que el món és ple de sofriment. No tenim relacions autèntiques, perquè tots els nostres familiars i amics ens estimen només per satisfer les seves necessitats egoistes. Els éssers humans s'estimen els uns als altres moguts pel desig. Ningú ens estima desinteressadament. Només Déu."

Sudhàmani va veure molt clar que continuar en una relació estreta amb els seus oncles esdevindria un obstacle per al seu objectiu en la vida i acabà creant les circumstàncies que li permetrien desfer-se d'aquell lligam. Un matí va discutir fort amb la família per tal de trencar l'acord i abandonà la casa. Aquella gent de cor endurit fins i tot li van prendre els regals que li havien ofert fins aleshores, incloses les arracades, i la van enviar cap a casa seva amb les mans buides. En marxar, Sudhàmani va exclamar: "Arribarà un dia que vindreu a demanar-me ajuda. Fins aleshores no posaré el peu en aquesta casa."

Onze anys més tard, la família del seu oncle, assetjada per problemes econòmics, va presentar-se a Idamannel per demanar l'ajuda de Sudhàmani. Només aleshores ella tornà a la casa per celebrar-hi una cerimònia i atorgar la seva benedicció. Aquell dia la tia de Sudhàmani lamentà les seves accions passades, tot dient: "Oh, mai no hauria imaginat que aquella petita esdevindria tan gran un dia! Amb quanta rudesa la renyava i pegava!"

El Déu Suprem mai no deixa de complir amb la promesa feta als Seus autèntics devots. En les grans obres èpiques de l'Índia molts fets semblants donen exemple d'aquesta veritat: que Déu és el servent dels Seus devots.

CAPÍTOL 3

Llàgrimes per Krixna

"No tinc mantega ni llet per oferir-vos, Senyor. Us oferiré a canvi una mica del meu dolor. Oh, Kanna, ofereixo als Vostres peus les perles de les meves llàgrimes."

Mata Amritanandamayi

śri bhagavan uvāca

mayyāveśya mano ye mām nitya yuktā upāsate
śraddha parayopets te me yuktatamā matāḥ

mayyeva mana ādhatsva mayi buddhim niveśaya
nivasiśyasi mayyi evq ata rdhvam na samśayaḥ

El Senyor Beneït va dir:
Aquells que, fixant la seva ment en Mi, em veneren
en meditació constant i tenen sraddha suprem, aquells
són, als Meus ulls, els millors practicants de ioga. Fixeu
la vostra ment en Mi tan sols, concentreu la vostra
intel•ligència només en Mi. Si feu això, viureu en Mi
eternament.

Bhàgavad Guita, capítol 12, versicles 2 i 8.

Retorn a Idamannel

En retornar a Idamannel després de l'estada a casa del seu oncle, Sudhàmani, que tenia aleshores setze anys, es capbussà completament en les seves pràctiques espirituals, tot carregant simultàniament amb les muntanyes de tasques domèstiques. Fins i tot en aquest país de sants, la seva inaudita passió per l'austeritat espiritual, malgrat la gran oposició amb què es trobava, resta única i incomparable.

Com sempre, es concentrava en l'adoració al Suprem. Qualsevol que veiés Sudhàmani aquells dies s'havia de quedar astorat. Com podia el seu petit cos suportar una càrrega de treball tan pesada? Damaianti s'havia tornat encara més malgeniüda i cruel, a causa del reumatisme crònic que s'havia agreujat quan va haver de fer la feina de la casa durant l'absència de Sudhàmani. Més

55

encara, la naturalesa compassiva d'aquesta, que l'empenyia a robar a les cases dels seus familiars, li havia creat una mala fama. Això redoblà l'animositat de Damaianti vers la seva filla. Malgrat que aquesta acomplia escrupolosament amb els seus deures domèstics, Damaianti la renyava i la pegava sense parar.

Malgrat aquest tractament tan aspre per part de la seva pròpia mare, Sudhàmani no es va ressentir contra ella. De fet, anys més tard parlarà de la seva mare amb reverència com del seu Guru espiritual. Vet aquí les seves paraules:

"Damaianti Amma va ser, en certa manera, el meu Guru. M'inculcà diligència, devoció i disciplina. Observava amb detall cada una de les meves accions. Si després d'escombrar el pati hi quedava el més petit bri, em pegava. Quan tota la vaixella estava rentada, la revisava escrupolosament i si hi havia quedat el més petit rastre de brutícia, em renyava. No em perdonava que caigués ni una sola branqueta de l'escombra a terra mentre escombrava. Si un bri de pols o de cendra queia dins l'olla, el càstig estava assegurat. La mare pressuposava que les seves filles havien de dir les seves pregàries ben d'hora al matí i no dubtava a tirar-nos, sobretot a mi, un pot d'aigua a la cara si ens endarreríem una mica a l'hora de llevar-nos, retudes pel cansament. Quan collia herba per a les vaques, ella em vigilava a distància perquè no m'entretingués xerrant amb altres persones. Fins i tot em pegava amb una mà de morter de fusta, aquella que es feia servir per xafar l'arròs. En presenciar les accions de la meva mare, els veïns li deien: "No la peguis així! No veus que l'hauràs de casar algun dia?" Però jo sempre era conscient que aquestes experiències eren només per al meu bé."

El tracte despietat que Damaianti donava a la seva pròpia filla pot sobtar els lectors, especialment sabent que era coneguda com una dona pietosa. Però ho podem entendre, si tenim en compte que la seva devoció no es basava en el coneixement.

Molts devots que tenen reverència pels déus i les deesses i duen a terme regularment els rituals religiosos tenen un concepte de Déu molt limitat. No el perceben com a present en tots els éssers, sinó com a contingut entre les quatre parets del temple. Aquesta mena de devots realitzen els rituals religiosos per tal de satisfer els seus desigs o satisfer Déu. La seva visió de la religió no té res a veure amb la construcció del caràcter ni amb l'eradicació de les seves tendències negatives. No senten el desig de realitzar Déu o el Ser com a Objectiu Suprem. Reten culte perquè els seus pares ho feien, o per por de cometre algun pecat. En canvi, els devots amb coneixement perceben Déu com a omnipresent i el serveixen a través de tots els éssers. Renuncien a qualsevol desig mundà i abandonen tot el seu ésser als Peus de Lotus del Senyor. El seu objectiu últim en la vida és conèixer la Realitat Suprema i unir-se a Ella. Damaianti tenia una visió molt limitada de Déu i de l'espiritualitat, la qual cosa es reflectia en les seva dura actitud cap a una filla tan inusual com la que li havia tocat.

A vegades, quan Damaianti estava a punt de pegar Sudhà-mani, aquesta li retenia la mà. Tot i que menuda, Sudhàmani era molt forta. Incapaç d'alliberar-se de la mà de Sudhàmani, Damaianti intentava pegar-li cops de peu, però la petita també li subjectava la cama. Aleshores, en no trobar una altra manera de castigar la seva filla, la mossegava. Fins i tot alguna vegada arribà a colpejar-la amb un matxet emprat per obrir els cocos i la insultava sense parar.

Sudhàmani podia arribar a mostrar-se molt atrevida i imper-tinent amb la seva mare. Si Damaianti li ordenava "Calla!", ella replicava immediatament: "No penso pas callar!" Si Damaianti deia "No facis això!", Sudhàmani no dubtava a insistir: "Doncs ho faré!" Però com més es rebel·lava, més fort era el càstig. Dama-ianti arribava a desfogar-se, dient: "Maleïda sigui aquesta filla tan impertinent! Si continua així, crearà una mala reputació a la família. Oh, Déu, per què no t'emportes la seva vida?"

Tot i això, Sudhàmani no se sentia en absolut molesta per l'hostilitat de la seva mare. Als seus ulls tothom era igual. Ja des de ben petita deia "pare" a tots els homes grans i "mare" a totes les dones. Això irritava els seus pares, que consideraven aquesta manera d'adreçar-se als altres com una deshonra per a la família. La renyaven, dient: "Et sembla bé això de dir pare i mare a tota aquesta gentussa?" Sudhàmani replicava: "Jo no he vist mai el meu Pare i la meva Mare reals. Aleshores, tothom és el meu pare i la meva mare."

La família li havien prohibit posar-se cendra sagrada al front i se'n burlaven: "Ei! Que et penses convertir en una sanniassin?" Ni tan sols la deixaven vestir-se com les altres noies. Si es posava vermelló[1] al front o vestia una brusa de quadrets o una jaqueta neta, se'n reien: "Com és que et guarneixes amb robes de colors i et poses vermelló? Per a qui t'arregles? Les noies han de ser molt modestes."

Més sorprenent encara que el tracte deplorable de què era objecte per part de la seva família, era la tolerància impertorbable de Sudhàmani cap a tot el que li passava. Tot i que a vegades podia reaccionar amb impertinència, mai mostrà ni la més petita dosi d'odi cap als seus turmentadors. Més tard diria, simplement:

"Damaianti no em castigava. Era només la seva visió limitada la que la feia tractar-me d'aquella manera. Aquelles proves em portaren cap al camí correcte, per tant, jo no sento cap mena de rancúnia vers ella."

Un dels germans grans, Súbhagan, era un autèntic terror no només per a Sudhàmani, sinó per a tota la família i fins i tot per a la gent del poble. Es declarava ateu amb arrogància i assegurava que les dones havien de ser reservades i romandre en silenci. Era

---

[1] Una marca vermella que es posen els hinduistes, considerada sagrada.

ben conegut pel seu temperament agressiu i Sudhàmani n'era amb freqüència la víctima. No li permetia fer amistat amb cap nena de la seva edat, perquè pensava que les companyies li farien malbé el caràcter. Quan Sudhàmani anava a buscar aigua potable per a la família, sempre hi anava sola. Si se li acudia parlar amb alguna altra nena, podia estar segura de rebre una bona pallissa de Súbhagan. Aquesta norma no incomodava pas Sudhàmani, perquè preferia per sobre de tot estar sola recordant Déu sense res que l'en distragués.

En aquella època només hi havia una font per a tot el poble, i funcionava amb un molí de vent. Sempre hi havia una llarga cua per agafar aigua de l'aixeta, i cadascú havia d'esperar el seu torn. Les dones s'hi reunien amb els seus gerros de terrissa i podien passar-s'hi hores esperant que bufés el vent. Si la cua era molt llarga, Sudhàmani deixava els gerros a terra i se n'anava a collir herba per a les vaques. Les altres dones, coneixedores de la pietat i del caràcter treballador de la nena, li omplien gentilment les gerres i les hi guardaven.

Com ja s'ha esmentat abans, Sudhàmani visitava sovint les cases veïnes per tal de recollir-hi restes vegetals i de pasta d'arròs per a les vaques. Si s'havia d'esperar alguna estona, entrava en l'oratori familiar per cantar-hi uns quants cants devocionals o meditar. Després anava a veure les dones més grans de la casa, s'interessava per la seva salut i escoltava amorosament les seves tristes històries. Els seus propis fills les maltractaven i les desatenien justament perquè eren velles i estaven malaltes. Per això Sudhàmani va prendre molt aviat consciència de la transitorietat i l'egoisme de les relacions humanes. Sempre que podia, s'enduia alguna d'aquestes velletes a casa, li preparava un bon bany amb aigua calenta, un bon àpat ben alimentós i la vestia amb roba dels seus familiars.

Si s'assabentava que algú passava gana, li portava si més no alguns aliments crus que treia de casa. A vegades recollia alguna criatura que rondava pels voltants, mal atesa pels seus propis pares o mal alimentada. Sudhàmani els donava el que necessitaven abans d'enviar-los de retorn a casa seva.

Un dia, va ser sorpresa en el moment d'oferir menjar a un pobre. Malgrat la severa pallissa que va rebre, no va renunciar a les seves activitats compassives. Continuà fent el mateix sempre que veia que algú necessitava ajuda. En una altra ocasió Sudhàmani es va trobar amb una família que s'estava morint de fam. En no trobar res més, els portà un braçalet d'or de la seva mare perquè el venguessin i es compressin el menjar. Quan el seu pare va descobrir el robatori, en un rampell de fúria la lligà al tronc d'un arbre i començà a pega-la fins que aquell cos tendre va sagnar. Malgrat aquest tracte, Sudhàmani mantenia el seu coratge i la seva actitud compassiva. Hom podia sentir-la pregar per demanar a Déu perdó per les terribles accions comeses pels seus parents per la seva ignorància i la seva actitud errònia. Quan estava sola, seia a resar d'aquesta manera:

"Oh, Krixna! Quina mena de món és aquest? Si ni tan sols la mare que porta al món un fill no el tracta amb amor. Ni ella no té amor pur per la seva família. On puc trobar amor pur i desinteressat en aquest món? L'amor que hi trobo és real, genuí? No és una simple il·lusió?".

A vegades, asseguda en l'oratori familiar, es posava a plorar pensant en tot això i cridava fort:

"Krixna, Krixna! No tinc ningú més que Vós en aquest món. El meu esperit us persegueix constantment, assedegat, esperant veure la Vostra Forma Divina! No em dureu amb Vós? Oh, Krixna, veniu aviat, us ho prego!"

En aquells dies, un home vell, parent llunyà de la família, s'intal·là a viure a Idamannel. S'havia quedat sense família ni parents i tenia tan poca salut que no podia ni caminar. Obligat a fer llit, patia incontinència i estava sempre brut. Sense que ningú no li ho demanés, Sudhàmani es va posar de seguida a tenir cura de l'ancià i se'n va fer responsable. Els altres membres de la família gairebé ni el miraven, lluny de preocupar-se'n gens ni mica. Així doncs, a més de les tasques domèstiques a casa seva, Sudhàmani va atendre les necessitats d'aquell home amb sinceritat i paciència. Li rentava la roba, el banyava cada dia, treia els excrements i l'orina i li administrava les medecines quan tocava. Malgrat l'extraordinària abundància de nobles virtuts que mostrava Sudhàmani, ningú de la seva família semblava adonar-se'n ni, menys encara, entendre o valorar la seva actitud d'abraçar la vida. Només una paradoxa divina pot explicar que la petita no rebés més que maltractament constant por tot el que feia.

Mentre anava fent la seva feina, Sudhàmani tenia l'hàbit de recordar Krixna, imaginant que ella mateixa era Krixna, o Radha, o una de les gopis, o algun altre personatge associat a la vida del Senyor.

A vegades, mentre cuinava, el seu cor se sentia ple a vessar amb la imatge de Iaixoda, la mare de Krixna, que veia batent la llet i alimentant el seu fillet. Mentre preparava els seus germans per anar a l'escola, s'imaginava que estava guarnint Krixna, Balarama i els gopas[2] abans de sortir a pasturar les vaques. Percebia tot això amb els seus ulls interns i plorava de joia. Quan anava al mercat a comprar menjar per a casa, recordava les gopis, que passaven pels carrers de Vrindavan venent llet i mantega. En comptes de cridar "Llet, mantega.!" cridaven "Krixna, Màdhava, Govinda, Atxiuta!", de tan intensa com era la seva devoció!

L'amor pur i la devoció de les gopis per Krixna sempre eren una font de gran inspiració per a Sudhàmani. A vegades s'imaginava a ella mateixa com a Radha, l'estimada de Xri Krixna.

---

[2] Els nens pastors de Vrindavan.

El simple pensament de Radha bastava per captivar-li l'esperit i aviat perdia la consciència del món extern. Totalment absorta en un estat diví, cantava i dansava, tot vessant llàgrimes d'èxtasi.

Kalina kannan

Oh Vós, el de la pell fosca!
Els ulls em cremen llastimosament
d'anhel de veure els Vostres peus.
O Vós, el dels ulls de lotus, veniu aviat
amb les Vostres vaques i la música de la Vostra flauta.

Quants de dies Us he estat cridant?
No teniu ni una mica de compassió?
Quina gran falta he comès?
No sou l'Amant dels devots?
Abans no em desfaci en llàgrimes,
digneu-vos venir amb la Vostra flauta!
Sóc incapaç de viure sense veure-us,
Vós que sou l'única Realitat. Veniu, veniu.

Complidor dels desigs, Causa de totes les coses,
oh Vós, el de la pell fosca, veniu, veniu.
No perdeu més temps, no augmenteu el meu dolor,
oh encarnació de la Compassió, veniu, veniu.

Quan anava a buscar aigua, Sudhàmani recordava les gopis anant al riu Iàmuna amb les gerres carregades sobre el cap. Quan rentava la roba dels membres de la seva família, s'imaginava que rentava els vestits de seda de Krixna i de les gopis. Quan estenia la roba perquè s'eixugués, Sudhàmani la mirava agitar-se al vent i pensava: "Oh, mireu que bonicament que dansen al vent els vestits de seda groga de Krixna!" Quan collia herba per a les vaques i els donava menjar, pensava intensament en Krixna, que de petit s'ocupava de les vaques en les prades i els boscos de Vrindavan, i gaudia imaginant els jocs del Pastor Diví i les gopis.

El moment que Sudhàmani s'estimava més era el capvespre, quan recorria el braç de mar buscant els ànecs, cabres o vaques extraviats durant el dia. Mentre ho feia, recordava Krixna anant a buscar les vaques i els vedells que s'havien allunyat del ramat. Si sentia algun cant devocional, cosa freqüent a l'Índia durant el crepuscle, restava quieta, transportada a un altre reialme. Això passava sovint i algun irritat membre de la seva família acabava havent de sortir a buscar la nena.

Tot i que Sudhàmani sempre estava fent alguna cosa, el seu esperit no es perdia en la feina. Estava constantment ple d'anhel per Krixna, sempre buscant-lo. Tenia sempre als llavis els seus Noms Sagrats i la mateixa paraula Krixna li feia vessar llàgrimes dels ulls. Com que es passava el dia carregant aigua, rentant la roba de la família o travessant el braç de mar, la seva roba senzilla estava sempre xopa. Com deia ella mateixa:

"Tenia tantes ganes que se m'eixugués la roba! Tot i que tenia molta feina, en demanava encara més a Déu, per estar sempre ocupada i poder dedicar-li totes les meves accions. De tant transportar gerres d'aigua i olles d'arròs bullit sobre el cap, vaig perdre part dels meus cabells."

Fos quina fos l'activitat de Sudhàmani, els seus llavis sempre es trobaven en moviment. Ningú no s'adonava que repetia sense parar el Nom del Senyor. Un dia, el seu germà petit, Sathix, que havia agafat el costum familiar d'agredir verbalment Sudhàmani, va observar amb mordacitat: "Bellugar sempre els llavis és símptoma de follia!". Sudhàmani va sentir el comentari, però no s'immutà. Malgrat tot, quan Sathix va tenir un fort atac d'asma, va ser ella qui se'l carregà a l'esquena i el portà a l'hospital, tot i que hi havia altres persones a la família que ho haguessin pogut fer amb menys d'esforç. Ningú no feia cas de la condició asmàtica del noi, excepte aquella nena innocent que sempre esperava una oportunitat per servir i ajudar els altres.

Sudhàmani acabava de treballar molt entrada la nit, quan ja no quedava cap llum encès ni dins la casa ni en el veïnat. Aleshores cantava amb veu forta al seu Senyor en l'oratori familiar. Damaianti i Súbhagan, el germà gran, la maleïen per cantar en l'obscuritat i trencar-los el son. Súbhagan deia "Per què crides i udoles així? És perquè Déu et pugui sentir del cel estant? Que és sord el teu Déu?" Però malgrat els càstigs i les amonestacions, Sudhàmani no estava disposada a deixar de cantar a Déu en les hores silencioses de la nit. Un dia en què Súbhagan, molt enfadat, entrà en l'oratori per retreure-li que cantés a les fosques, Ella li va respondre: "Tu només veus el llum de fora, però dintre meu crema un llum que no s'apaga mai!" No cal dir que el significat profund d'aquesta observació va passar desapercebut per a l'insensible Súbhagan.

Sudhàmani tenia por que Déu no castigués els seus pares i el seu germà per pegar-la mentre cantava cants devocionals. Per això sovint cantava més fluix, per no induir-los a cometre aquelles maldats. Molt entristida pels obstacles que creava la seva família, Sudhàmani plorava, asseguda dins l'oratori. Aleshores ells deien que això de plorar mentre cantava cants devocionals era un pecat i que podia causar desgràcies a la família. Fes el que fes la petita Sudhàmani ells sempre trobaven alguna cosa a retreure-li. Ella ho suportava tot en silenci i dissolia totes les seves penes en la dolça memòria de Xri Krixna.

Ni de petita Sudhàmani no va confessar mai a ningú el seu patiment. L'únic amb qui es descarregava era amb el seu Senyor Krixna. També tenia l'hàbit de parlar amb els animals i amb la naturalesa, imaginant que Krixna escoltava amb atenció les seves paraules. En percebre-ho tot com a Krixna, conversava amb totes les criatures. Si una vaca s'ajeia a descansar, ella s'estirava al seu costat, tot pensant que jeia a la falda de Krixna.

Quan mirava les estrelles, la lluna i els arbres florits, Sudhàmani els preguntava:

"Oh, amics, no heu pas vist el meu Krixna? Oh brisa gentil, has acaronat la Seva forma encantadora? Oh estrelles brillants i lluna silenciosa, vosaltres també El busqueu? Si El trobeu, digueu-li, si us plau, que la pobra Sudhàmani també l'espera i El vol veure."

Ningalil arunumundo

Algú ha vist el meu estimat Kanna?
Vosaltres podeu veure'l,
en canvi Ell no apareix mai davant dels meus ulls.

La marca de pasta de sàndal damunt el Seu front,
la bellesa de la Seva túnica de seda groga,
els rínxols onejants dels Seus cabells ornats
amb la ploma de paó.

Oh, quan podré contemplar tot això?
De què em serveixen aquest cos i aquesta vida?
Tota la meva bona sort s'ha acabat.
Quant de temps duraran encara aquests sofriments?

Sudhàmani tenia per amiga la "Mare Mar", que considerava com si fos la seva pròpia mare. Sempre que tenia un moment s'escapava cap a la platja i desfogava les seves penes mentre contemplava la vasta extensió de l'aigua. El seu blau intens li recordava el color de la pell fosca del seu Estimat i Sudhàmani no trigava gaire a perdre la consciència del món extern.

La noia havia observat que alguns veïns es guanyaven la vida amb feines de costura. Empesa per la idea d'ajudar els altres amb els diners que podria guanyar cosint, va pensar a aprendre de cosir. Així evitaria la desagradable necessitat de treure coses de casa seva per ajudar els altres. Plena d'esperança, expressà el seu desig als seus pares. La reacció de Damaianti fou frustrant: "No t'enviarem a aprendre a cosir, perquè aviat et casarem amb un trepador de cocoters!" Els trepadors de cocoters, que tenien com a única font de guanys el que treien de collir cocos, pertanyien, a Kérala, a una classe social molt baixa. Sudhàmani havia estat sorpresa sovint robant cocos, que Damaianti es pensava que eren per menjar-se'ls, però en realitat sempre eren per donar als necessitats.

Però Sudhàmani insistí tant que finalment els seus pares li van permetre d'anar a aprendre a cosir una hora al dia, amb la condició que deixés les feines domèstiques fetes abans de marxar de casa. En aquella època la rutina de Sudhàmani era impressionant. D'alguna manera aconseguia acabar-ho tot abans de les dotze i llavors sortia escapada cap a la seva classe de costura. Alguns dies, les noies de la mateixa classe, que coneixien la seva situació, anaven a ajudar-la perquè acabés a temps. Sota el sol abrusador de migdia Sudhàmani havia de caminar dos o tres kilòmetres per arribar a la classe. Al cap d'una hora havia de marxar corrents per arribar a temps de servir el dinar.

La resta del dia continuava com sempre, amb la seva rutina esgotadora. Els únics moments que podia dedicar al seu deure més important, la pregària i la meditació, els tenia durant les hores silencioses de la nit. Plorant desesperadament, plena d'anhel, se submergia en un estat d'embriaguesa divina. Finalment reprenia mitjanament la consciència i es quedava adormida.

La paciència de Sudhàmani, la seva resistència i la seva energia aparentment inesgotable, que manté avui en dia, eren miraculoses. Fos quina fos la quantitat de feina que li toqués de fer, la duia a terme amb alegria, sense murmurar ni una queixa. Sentia que el seu dret de naixença i el seu dharma eren ajudar tothom sense que ningú li ho demanés. Més tard ho explicaria:

"Jo sóc feliç en veure la felicitat dels altres. Mai no he pensat en el meu propi confort ni en la càrrega del meu treball. Sempre que he tingut l'oportunitat de servir els altres, he fet tots els possibles per ajudar-los amb tota la meva sinceritat i tot el meu amor."

Al començament, Sudhàmani anava a classes de costura a dos llocs diferents. Al cap d'un cert temps, va escollir el taller parroquial que oferia una església propera. Va aprendre molt ràpidament la mecànica de la costura i començà a realitzar petits treballs per a les dones pobres del veïnat. Al començament no acceptava diners pels seus serveis, perquè aquesta no era la seva manera de fer les coses. Però, en negar-se els seus pares a continuar pagant-li les classes, va haver d'acceptar alguns diners per la feina feta. Així va aconseguir pagar les classes, comprar alguns objectes imprescindibles per a la feina de confecció i donar la resta als vilatans indigents. Sudhàmani es va convertir en una costurera experta i guanyava un bon salari. Però no duia a casa ni una paisa[3], tot ho emprava en ajudar els pobres.

Mentre cosia en el taller de l'església, Sudhàmani, immersa en els cants devocionals, vessava llàgrimes que queien sobre la màquina de cosir. El sacerdot de l'església era un home gran, molt pietós, que s'adonà de seguida del caràcter extraordinari de Sudhàmani. Mentre les altres noies no paraven de xafardejar, ella romania absorta en la seva devoció. L'home en va quedar molt commogut i li agafà molt d'afecte. Això provocà reaccions de gelosia entre les altres noies, però la petita es mostrava tan afectuosa com abans, sense un bri d'animositat.

Sathix sempre acompanyava la seva germana al taller i l'esperava assegut a l'escala o en algun racó. Un dia, durant l'hora de la pregària, Sudhàmani li preguntà per què no participava

---

[3] Equivalent a un penic.

en les oracions. Ell contestà: "Que no som hindús, nosaltres?" Sudhàmani li va dir: "Demana al mossèn si també pots assistir a la pregària." El sacerdot acceptà amb alegria. Des d'aleshores Sathix sempre participà en les oracions.

Quan acabava de cosir, Sudhàmani se n'anava a brodar al cementiri. Li agradava la solitud d'aquell lloc. Asseguda allà, parlava amb les ànimes dels qui havien marxat: "Com és la vostra vida? On viviu? Hi sou feliços? Sentiu alguna cosa?" Ella sentia clarament la seva companyia i intentava consolar-les. Una amiga de la seva germana gran, Kasturi, estava enterrada en aquell cementiri. La noia havia mostrat un amor sense límits per Sudhàmani, fins i tot quan la seva família la maltractava terriblement. Potser aquesta era una de les raons per les quals Sudhàmani s'hi trobava tan bé, al cementiri. Parlava amb les ànimes que vagarejaven amb els seus cossos subtils i cantava una melodia malenconiosa perquè descansessin en pau. A vegades s'asseia a meditar i entrava en samadhi en el silenci i la quietud del cementiri cristià.

Si li quedava alguna estona lliure en acabar de brodar, Sudhàmani tornava a la capella, on hi havia una mena de compartiment interior en forma de cova. Asseguda en la penombra, contemplava la forma del Crist crucificat. En veure'l a la creu, sentia que era el seu estimat Krixna i entrava immediatament en èxtasi. Quan tornava al nivell normal de consciència, plorava en pensar en l'amor i el sacrifici de Jesucrist i de Krixna. Pensava:

"Oh, com ho van sacrificar tot pel nostre món. La gent se'ls varen girar en contra, però Ells els continuaven estimant. Si Ells ho van fer, per què no podria fer-ho jo també? No és gens nou."

Sudhàmani tenia una aguda consciència de l'extrema pobresa dels vilatans. En veure'n les penes i sofriments, la petita plorava en les hores silencioses que passava dins l'oratori, tot pregant així:

"Oh, Senyor, això és viure? La gent es passa els dies treballant per satisfer la seva gana. Oh, Krixna, per què permeteu que morin de fam? Per què han de patir malalties? Miri on miri sempre em trobo amb l'egoisme i amb el sofriment humà que causa. Els joves preguen per tenir una llarga vida i els fills preguen perquè els pares morin aviat. Ningú no s'ocupa dels vells. Oh, Senyor! Quina mena de món és aquest? Quin és el propòsit d'haver creat un món així? Oh, Krixna, quina és la solució?"

Així eren les pregàries de la innocent jove.

Tres anys més tard Sudhàmani decidí deixar les classes de costura perquè la distreien de les seves pràctiques espirituals, que volia intensificar. En aquells dies el rector va ser traslladat a una altra parròquia. Abans de marxar, va enviar algunes de les noies del taller a Idamannel perquè comuniquessin a Sudhàmani que li agradaria acomiadar-se'n. Ella va anar a retre-li una darrera visita, acompanyada per Sathix. En veure-la, el sacerdot arrencà el plor. Sudhàmani en quedà commoguda. El sacerdot li va dir que volia deixar aquella feina per portar una vida de sanniassin. Quan Sudhàmani i Sathix eren a punt de marxar, l'home li va dir al xicot: "Ja ho veuràs, Sudhàmani esdevindrà gran en el futur." Potser el sacerdot havia estat prou perspicaç com per percebre la divinitat que irradiava aquella joveneta.

Com que ja dominava la costura, Sudhàmani expressà el desig de tenir una màquina de cosir pròpia. Damaianti la renyà per ser una ambiciosa, però Sugunànandan li va prometre diverses vegades que n'hi compraria una. Malgrat tot, la màquina de cosir no es va materialitzar mai. Sudhàmani va decidir que no tornaria a demanar una màquina. "Només si Déu me'n fa arribar una, la usaré." Uns anys més tard, quan els devots començaren a arribar en massa a Idamannel, un holandès de nom Peter li va comprar una màquina de cosir i ella recordà la seva promesa. Déu té cura de les necessitats dels Seus devots sincers.

Tots els fills de la família, excepte Sudhàmani, van rebre estudis secundaris o superiors. Tots tenien la pell clara i feien de bon mirar. La pell fosca, blavosa, de Sudhàmani i la seva disponibilitat a treballar de valent van fer que tothom la veiés com una simple serventa. Ni tan sols li donaven prou roba per vestir-se. En veure totes aquestes tribulacions de la jove Sudhàmani i l'hostilitat dels seus pares i del germà gran, la gent del poble deia que aquella nena la devien comprar els pares a Kol lam[4] per un grapat d'arròs. Els pares duien tots els seus fills als temples amb ocasió dels festivals o altres cerimònies, però sempre ignoraven Sudhàmani i la deixaven a casa.

Un dia, la noia va rebre una brusa de quadrets i se la va posar molt contenta. El seu germà gran li ordenà de treure-se-la immediatament. Arrencant-li la brusa de les mans la llençà al foc davant seu, i, cridant, li va dir:"Només et poses aquestes robes de color per atraure l'atenció!" Un altre dia, Damaianti l'escridassà perquè s'havia posat una jaqueta de seda groga que pertanyia a una de les germanes. A partir d'aleshores, Sudhàmani va decidir que només es posaria els vestits proveïts pel Senyor, és a dir, només la roba vella que els altres ja no es posaven. D'aquella roba Sudhàmani se'n feia bruses i faldilles. Per cosir emprava els fils sobrers d'una corda d'estendre la roba i se sentia feliç de no ser una càrrega per a ningú. Més tard, parlant d'aquests dies, va dir:

"Sense fil adequat, ni tisores, ni màquina de cosir, aconseguia d'alguna manera fer-me la meva pròpia roba!"

---

4 Ciutat costanera a uns 35 quilòmetres al sud de Paraiakadavu.

Capítol 4

L'autèntica flauta

"L'autèntica flauta es troba en el teu interior.
Fes que soni dins teu i gaudeix del seu so. Quan
el sentis, hauràs transcendit el naixement i la
mort."

Mata Amritanandamayi

**vaggadgadā dravatē yasya cittam
rudatyabhīshnam hasati kvacicca
vilajja udgāyati nrityatē ca
madbhaktiyuktō bhuvanam punāti**

*El devot amb una veu estremida per l'emoció, amb un
cor que es desfà en amor, que plora i torna a plorar i de
tant en tant es posa a riure i, traient-se la vergonya de
sobre, es posa a cantar amb veu forta i a dansar, aquest
devot santifica el món sencer.*

Xrímad Bhàgavatam, skanda X, cant XIV, versicle 24.

La glòria espiritual i el comportament estrany d'una Ànima Rea-
litzada ultrapassen la capacitat de comprensió d'un ésser humà
normal. Alguns consideren l'anhel de Déu com una follia, d'altres
l'anomenen repressió psicològica i d'altres encara simplement
es neguen a acceptar-ne l'existència. Això no pertorba les grans
ànimes. Mai no fan cas dels comentaris absurds dels escèptics o
dels crítics, que no són culpables de tenir una percepció limitada
dels reialmes subtils de la consciència. Afecta a un físic el fet
que l'home del carrer posi en dubte l'existència de les partícules
subatòmiques? Se sent ofès per les seves crítiques infundades?

Les mostres de menyspreu, de burla, d'ironia humiliant mai
no van tenir cap efecte sobre la pietosa Sudhàmani. En arribar
als darrers anys de la seva adolescència, es trobava immersa en un
corrent ininterromput de consciència espiritual. La seva devoció
per Xri Krixna era indescriptiblement intensa. Sudhàmani ascen-
dia de manera natural i espontània d'un nivell de consciència al
següent. Com per compensar la dura càrrega del seu treball, el
seu cor ple d'anhel constant s'abocava en commovedors cants
devocionals que cantava dia i nit.

Niramil la

Com un arc de Sant Martí sense colors,
com una flor sense fragància:
si el meu cor es troba així,
per què implorar compassió?

La vida s'ha tornat tan freda,
sense ni una mica d'escalfor,
és com una vina que,
desproveïda de la seva dolça melodia,
roman solitària en un silenci trist.

Poden obrir-se les flors de lotus en un petit rierol
al mig d'un bosc on els raigs del Sol no hi arriben?

En va obre el paó les seves ales
per dansar en veure el núvols dalt del cel,
i l'ocell txàtaka[1] espera en va les gotes de pluja.

Incapaços de percebre el significat dels seus estats extàtics, els pares i el germà gran de Sudhàmani no paraven de castigar-la i maltractar-la. Estaven convençuts que totes les seves pràctiques pietoses eren símptomes d'alguna malaltia mental o depressió.

Ara Sudhàmani passava els dies i les nits meditant, cantant i repetint el Nom Diví. Sovint es tancava dins l'oratori familiar i dansava en èxtasi, amb gran disgust del seu germà gran. Altres vegades plorava, aclaparada pel dolor de la separació, i després la trobaven inconscient damunt la sorra. Resulta sorprenent com

---

[1] Diuen que l'ocell txàtaka només beu les gotes de pluja que cauen del cel abans no arribin a terra. No beu cap altra aigua. La idea és que tant el paó com el txàtaka se senten feliços en veure els núvols però s'entristeixen per l'absència de pluja. De la mateixa manera, ens pot semblar vana l'espera de Déu després d'un període llarg de recerca i de pràctica espiritual sense veure'n els fruits.

podia continuar creixent el seu amor per Krixna, si ja era un amor sense límits. Les portes del seu cor eren sempre obertes i Sudhàmani esperava amb ànsia l'arribada del seu Senyor. Com es pot descriure la intensitat de la seva dedicació i la seva rendició absoluta?

Sudhàmani no hauria parat mai d'escoltar històries sobre Krixna, en tenia una set inextingible. Així que la seva orella captava la veu d'algú explicant-les, quedava immediatament absorta per Ell i entrava en samadhi. Molt després que s'hagués acabat la història, la noia continuava asseguda, immòbil. Els veïns del poble ja no trobaven gens estrany o sorprenent el seu comportament. A vegades Sudhàmani, cridava alguns nens dels voltants perquè representessin històries del Senyor. Contemplava l'actuació dels nens amb llàgrimes als ulls i s'imaginava que Krixna seia al seu costant explicant la història. Aliena a les circumstàncies, abraçava els menuts pensant que eren Krixna en persona. A vegades els nens s'espantaven davant d'aquell comportament estrany i els estats inhabituals de Sudhàmani. Aquesta agafà l'hàbit d'adorar els nens oferint-los *naivediam*[2] i dolces mentre cantava pregàries. Realment veia en ells Xri Krixna.

Si algú arribava a estar despert durant les hores silencioses de la nit, podia sentir els precs llastimosos de la jove, suplicant el seu Senyor:

"Krixna, Krixna! Vós sou l'objectiu de la meva vida! Quan podré contemplar la Vostra Forma meravellosa? És que no serviran de res la meva vida i tots els meus esforços per veure-us? Quedaran sense ser ateses les meves pregàries per unir-me a Vós? Oh, Krixna, diuen que sou tot compassió per als Vostres devots. Potser és que he ofès el vostre cor misericordiós? Potser no sóc digna de ser la Vostra serventa? Quant de temps encara continuaran sense

---

[2] Menjar ofert a Déu o a la divinitat d'un temple abans de ser repartit entre els devots.

resposta les meves pregàries? No sentiu compassió per aquesta pobra criatura desemparada? Oh, Kanna, Vós també m'heu abandonat? On sou?... On sou?..."

Finalment queia rodona a terra, però tot i així passava les nits en vigília. Esperava sense defallir, amb els ulls oberts, amb la fe que el Senyor podia arribar en qualsevol moment.

A vegades Sudhàmani esculpia una petita imatge de Krixna amb argila i l'adorava, tot confiant-li al seu Estimat els seus pensaments:

"Vós sabeu que ningú no m'ha ensenyat com servir-vos i adorar-vos. Perdoneu els meus errors!"

Després, com que no tenia flors, oferia sorra als peus de la imatge. En acabar l'adoració, sentia que Krixna mateix havia vingut i s'estava al seu davant. Amb el cos tot tremolós i els ulls plens de llàgrimes, Sudhàmani, emmudida de devoció, es prostrava una vegada i una altra davant la imatge d'argila. Després li semblava que Krixna anava a fugir i ella corria a saltar sobre Ell per atrapar-lo. Tot seguit s'adonava que tot era fruit de la seva imaginació i que la imatge d'argila només era això, argila. Desfeta en llàgrimes i sanglotant, abatuda, continuava implorant:

"Krixna, Krixna! Veniu i beneïu aquesta pobra desemparada que s'esqueixa d'anhel per veure-us! És tot això per posar a prova el meu amor per Vós? Per què dubteu? Oh, Kanna, puc suportar qualsevol turment excepte la separació de Vós. Oh, Krixna! És que el Vostre cor ha perdut tota compassió?"

Sudhàmani no es desanimava així com així. Plena de fervor i confiança, la jove continuava esperant l'arribada del seu Senyor. A vegades s'imaginava essent l'estimada de Krixna; altres vegades, la Seva serventa. Aquesta nena illetrada, que no havia estudiat més enllà del quart curs de l'escola, que no havia mai llegit ni els Vedes ni els Upanishad, es convertí en l'encarnació de la suprema devoció. Diferents aspectes de la devoció suprema es manifestaven en ella de manera espontània.

En aquella època, la situació econòmica de la família va patir un cop seriós, degut a una pèrdua important de Sugunànandan en els seus afers de pesca. Damaianti i tota la resta de la família estaven desesperats. Un dia, Damaianti li va dir a Sudhàmani: "Per què Déu ens porta aquests sofriments? Filla, prega pel teu pare. Tot el seu negoci ha fet fallida." Sudhàmani va pensar:

"Oh, Krixna! Com comença el sofriment? Quin n'és l'origen? La mare està desfeta perquè desitja que el seu marit li proporcioni felicitat i vol viure còmodament. No és el desig allò que causa la infelicitat? Oh, Krixna, no deixis que jo hi quedi atrapada! Si haig de dependre d'ésser humans immersos en el desig i la ignorància, aleshores segur que també cauré en el dolor. Oh, Krixna! Permeteu que el meu esperit estigui sempre arrapat als Vostres peus de lotus!"

Aleshores, malgrat els problemes econòmics, els pares van decidir casar Sudhàmani d'alguna manera. Damaianti sempre havia estat molt especial pel que feia a l'educació de les seves quatre filles, i el seu amor propi en aquesta qüestió no era cap secret per als altres vilatans. Les seves filles havien de ser considerades per la comunitat com a honestes i virtuoses. Que la seva reputació pogués quedar mínimament malmesa representava el desastre a ulls de Damaianti. Per això educà les seves filles amb una disciplina molt estricta i no els permetia de parlar amb cap home, especialment si tenia la mateixa edat que elles.

En aquella època Idamannel estava rodejat d'aigua per tres dels quatre costats, però Damaianti encara va fer construir una tanca al voltant de tota la casa per protegir-la de possibles intrusos. Ni amb això no va quedar satisfeta i va agafar un gos per tal que avisés si algú s'acostava a la casa. Quan el gos bordava, cridava Súbhagan perquè anés a mirar qui hi havia. Si era un foraster o un jove, no havia d'obrir la porta. Com que Damaianti estava molt preocupada per les seves filles, ja grandetes, alliberar-se de Sudhàmani, que era la font principal dels seus problemes, es va convertir en un assumpte urgent. Sugunànandan i Súbhagan van trobar, finalment, un jove adequat i van concertar un dia per a la primera trobada, que permetria als pares observar si els joves s'agradaven. Els preparatius es van fer sense el coneixement ni, per tant, el consentiment de Sudhàmani. No només això, sinó que la trobada havia de ser en una altra casa, ben lluny d'Idamannel. El dia escollit, una senyora va venir a buscar Sudhàmani amb el pretext d'encarregar-li una feina de costura. Li demanà a la noia que l'acompanyés a casa seva per prendre mesures per fer unes bruses i unes faldilles per a les seves filles.

Quan Sudhàmani arribà a la casa, va entendre de seguida quines eren les autèntiques intencions. La senyora li va donar un got de te i li va dir: "Sudhàmani, hi ha una persona a l'habitació del costat. Porta-li aquest got de te." Aquesta és la manera tradicional de presentar una núvia al seu promès. Coneixent les seves intencions secretes, Sudhàmani va respondre, en un to greu: "No puc. He vingut aquí per prendre mesures, no per servir te." I se'n va anar. En arribar a casa, li va explicar l'incident a Damaianti. Només llavors es va adonar que tot havia estat preparat pels seus pares i el germà gran.

Seguí una altra proposició de matrimoni. Aquesta vegada es va acordar que el jove i la seva família anirien a Idamannel. Quan el presumpte marit arribà, Damaianti demanà amb gentilesa a Sudhàmani que li portés uns plàtans. En presència dels convidats, la núvia involuntària exclamà: "No ho faré! Si voleu, porteu-li vós els plàtans!" Així acabà el segon intent!

Però els pares es negaven a renunciar a la seva idea i van organitzar una altra visita d'un altre jove a Idamannel. Abans, Damaianti va difrigir-se a la seva filla, plorant i suplicant: "Filla meva, si us plau, no ens causis una mala reputació. Sigues amable amb el teu futur marit." Quan el jove arribà per conèixer Sudhà-mani, va seure tranquil·lament en la sala d'estar. Sudhàmani s'estava a la cuina, picant pebrots secs amb una mà de morter de fusta. Estava decidida a enfrontar la situació d'una manera encara més contundent que en les ocasions anteriors. Brandant la mà de morter com un soldat disposat a atacar el seu enemic amb una baioneta, Sudhàmani es posà a cridar, amenaçant el noi i fent gestos ridículs. Damaianti una mica més que no es desmaia de vergonya, però la seva filla no estava disposada a rendir-se fàcilment. Continuà la representació fins que la família del nuvi no va abandonar la casa, convençuts que la noia estava boja. Naturalment, Sudhàmani va rebre tot seguit la seva bona dosi de cops i puntades de peu.

Després d'aquest incident, Sudhàmani va decidir que si els seus pares la tornaven a molestar amb propostes matrimonials, marxaria de casa per continuar les seves pràctiques espirituals en una cova o en algun altre lloc solitari. En aquesta qüestió del casament, Sudhàmani tenia presa una decisió ferma, però ara pensava que la deixarien tranquil·la durant un cert temps.

El maltractament per part de la família empitjorà encara més. Disposada a no continuar patint aquella situació, Sudhàmani va decidir marxar de casa. El mateix dia el vent portà als seus peus un retall de diari. Ella el va agafar i va veure, sorpresa, que en el retall es parlava del terrible destí d'una noia que havia marxat de casa. Sudhàmani ho va entendre com un senyal diví i renuncià a la idea.

En una altra ocasió, l'acarnissament de la família la va fer pensar en acabar amb la seva vida llançant-se al mar. Però ales-hores pensà:

"Qui és que mor? Qui és que neix? Qui pot causar cap mal a un autèntic devot del Senyor?"

Aquesta convicció profunda eliminà de la seva ment la idea del suïcidi.

En aquells dies d'intensa sàdhana, Sudhàmani no podia dormir en cap casa que no fos la seva ni menjar res que hagués estat preparat per una persona mundana. Si per casualitat menjava alguna cosa d'aquesta mena, es posava molt inquieta o vomitava. Per això la major part del temps dejunava. Si intentava dormir en alguna casa on hagués dormit gent mundana, no podia tenir ni un moment de repòs. De tota manera, no la preocupava no dormir, perquè preferia restar desperta per meditar i cridar el seu Estimat. Fins i tot temia quedar-se adormida per si Krixna venia just en aquell moment i ella perdia l'ocasió de tenir la tan llargament esperada visió de la seva Forma Divina.

Fins i tot aleshores Sudhàmani se les apanyava per dur sempre a terme totes les feines de la casa. A causa del seu continuat i esgotador treball, els veïns del poble la van anomenar "Kàveri". Kàveri era un personatge ideal, dotat de totes les virtuts. Fins i tot quan estava malalta anava de casa en casa venent llet. La gent del poble sentia un gran respecte i amor per aquella jove que passava tantes tribulacions i que posseïa tantes qualitats. Les amargues experiències que va haver de patir en l'entorn brutal en què va créixer, varen convèncer Sudhàmani de la naturalesa efímera i egoista de la vida mundana. Només la contemplació profunda de la vida i el seu objectiu final ocupaven el seu esperit. En contemplar el misteri de la vida, ella pensava:

"Oh, Déu! No veieu tots aquests sofriments i totes aquestes penes? Estic sola al món? Quina és la meva veritable família? Qui és el meu Pare i qui és la meva Mare? On és la Veritat en tot això? Si s'agafa un cos humà, el sofriment és l'únic destí?"

Sudhàmani sempre va sentir compassió per la gent normal, que anhelava els plaers efímers de la vida mundana. Pregava per ells, demanant:

"Oh, Senyor! Salveu aquells que pateixen per causa de la seva ignorància i atorguen un gran valor al món efímer. Atorgueu-los el coneixement veritable."

Damaianti sentia una gran afecció per les seves vaques. Fins i tot si els membres de la seva família havien de sofrir, mai no permetia que les vaques patissin cap molèstia. Als seus ulls, les vaques eren tan sagrades com Déu. Durant l'època dels monsons del sud-oest, el braç de mar de Kérala es desbordava i s'ajuntava amb el mar d'Aràbia, provocant inundacions al llarg de la costa. Quan a Idamannel l'estable quedava negat, Damaianti portava les vaques dins de la casa! I la sala d'estar quedava plena de fems i orina. Tota la família protestava i maleïa Damaianti, excepte, naturalment, Sudhàmani, que s'estimava les vaques encara més que la seva mare degut al gran paper que havien jugat en la vida de Xri Krixna.

Per a ella totes les estacions eren igualment inspiradores, tot encarnava el Joc Diví. No la preocupava gens la calor abrusadora de l'estiu, ni les pluges torrencials dels monsons, ni les glaçades brises marines de l'hivern. En tot hi veia el seu Estimat. No tenia res a guanyar en aquest món, el seu únic objectiu era fondre's amb els peus de lotus de Xri Krixna. Fins i tot el so de la pluja omplia el seu cor d'amor. Per a ella tots els sons s'assemblaven a la sagrada síl·laba "Om", especialment el de la pluja. Cantava les lloances al seu Senyor en harmonia amb el so de l'aigua i la contemplava, feliç, visualitzant Krixna en cada gota.

A mesura que les pràctiques espirituals de Sudhàmani s'intensificaven, els seus estats extàtics anaven fent-se cada vegada més notoris. A vegades entrava en el bany per prendre una dutxa i l'hi trobaven hores més tard, totalment abstreta del món que la rodejava. Aquests estats eren un misteri per a la família, convençuda que la noia patia alguna mena d'aberració mental. Sudhàmani era un viatger solitari en el seu propi món. Com podem fer-nos una idea de la profunditat espiritual d'aquesta jove innocent, del seu amor sense límits? Quina força, si no era Déu mateix, la conduïa cada cop més i més profundament cap a l'autorealització?

Sovint, quan anava a collir fulles per alimentar les cabres, l'acompanyaven alguns nens, que sempre la seguien anés on anés. Els agradava la seva companyia i la veien com el seu líder. Un dia, asseguda dalt d'una branca collint fulles, de sobte va tenir el sentiment, clar i poderós, de ser ella mateixa Krixna. Com va declarar més tard,

"Tots els nois i noies que s'estaven allà sota l'arbre em semblava que eren els gopas i les gopis."

Tenia moltes visions divines. Krixna se li apareixia entrada la nit. El Flautista Diví l'agafava per les mans i ballava amb ella. Altres vegades, hi jugava i la feia riure. En aquests moments benaurats, Sudhàmani ballava en èxtasi, com mai, la dansa de Radha i Krixna, al so captivador de la flauta divina. Al començament pensava que Krixna tocava la Seva flauta celestial dret a prop d'ella, però un dia es va adonar, amb gran sorpresa, que el so venia de dins d'ella mateixa! Va irrompre en plors i va caure rodona davant la imatge de Xri Krixna. Si s'adormia, de seguida apareixia Krixna per despertar-la. Més tard Sudhàmani comentà que "la Seva pell tenia un color entre blau fosc i rosa pàl·lid." A vegades veia una catifa coberta de flors oloroses de diferents menes i Krixna l'agafava de les mans, hi dansaven tots dos a sobre i després se l'enduia més amunt dels núvols i li mostrava tot de móns i paisatges meravellosos. Però ella pensava:

"Quin atractiu poden tenir aquestes coses sense la Seva presència? Ell és l'Essència, mentre que l'aparença externa de totes aquestes coses anirà canviant!"

N'estava fermament convençuda. Volava sovint cap al seu Estimat. S'hi havia lliurat de manera definitiva i completa.

A vegades veia el Senyor caminant al seu costat. En altres ocasions, quan s'identificava internament amb ell, li venien ganes d'arrencar de la paret totes les imatges de déus i deesses, inclosa la de Krixna.

"Tots aquests retrats no són més que paper pintat, no són Krixna! Jo sóc Krixna!"

Tot seguit canviava d'actitud:

"No, no haig d'arrencar aquestes imatges. Va ser una imatge que em va ajudar a arribar a Krixna. Tot està impregnat d'Ell, la Consciència Suprema. Per tant, la imatge també és Això!"

La presa de consciència que totes les coses eren Krixna va representar la culminació d'anys de sacrifici i d'anhel. Ara hom podia veure Sudhàmani abraçant els arbres, fent petons a les plantes i als nens, perquè mirés el que mirés, en tot hi veia la captivadora forma del Senyor. No existia ni la partícula més petita on Ell no hi fos.

Més tard, referint-se a aquest període, va dir:

"Solia contemplar la natura i en tot hi veia Krixna. No podia ni collir una flor, perquè sabia que també era Krixna. Quan la brisa tocava el meu cos, sentia que era Krixna que m'acaronava. Em feia por caminar perquè pensava: 'Oh, estic caminant sobre Krixna!' Cada gra de sorra era Krixna per a mi. Gradualment això es va convertir en un estat natural. Ja no podia veure cap diferència entre jo i el Krixna que havia viscut a Vrindavan."

Així, Sudhàmani quedà establerta en l'Oceà del Goig i l'Existència pura i assolí l'absoluta pau d'esperit. Però la seva identitat amb el Suprem continuava amagada als ulls de la família i dels vilatans. Externament semblava la mateixa noia de poble de sempre. Però internament havia assolit la unitat amb Krixna, l'estat natural d'identificació amb la Realitat Única.

Capítol 5

Pel bé del món

"Totes les divinitats hinduistes que representen els infinits aspectes de l'Ésser Únic i Suprem també són al nostre interior. Una encarnació divina pot manifestar qualsevol dels diversos aspectes per al bé del món, només amb un simple gest de voluntat. La divina manifestació de Krixna (Krixna bhava) és l'expressió de Púruixa, l'aspecte de la Consciència Pura de l'Absolut."

Mata Amritanandamayi

vamsī vibhūśita karāt navanīra dabhāt
pitāmbarāt aruna bimba phalā tarostāt
purnēntu sundara mukhāt aravinda nētrāt
kṛṣṇāt param kimapi tatva maham na jāne

*No conec cap altra realitat que no sigui Krixna, que
sosté amb les Seves mans la flauta, que és bell com un
refrescant núvol de pluja, que va vestit de groc, que té
uns llavis rojos com la fruita aruna bimba i un rostre
encantador com la lluna plena, amb uns ulls allargats
com pètals de lotus.*

Madhusurana Saràsuati

L'adveniment del Krixna Bhava

La jove Sudhàmani, que havia trobat recer permanent en el
Senyor, tanmateix s'esmerçava a fer les tasques de la llar tal com
havia fet fins aleshores. S'esforçava tant com podia amb la seva
feina, però, tal com veurem, no era pas aquest el destí que Déu
li havia reservat.

Un dimecres al vespre del mes de novembre de 1975, van
passar uns fets que es podrien considerar com l'inici d'un nou
capítol en els annals de la historia espiritual de l'Índia. Sudhàmani
acabava de tallar herba per a les vaques i tornava a casa amb el seu
germà petit, Sathix, al voltant de les cinc de la tarda. Ella portava
un farcell molt gros d'herba damunt del cap, immersa en el seu
habitual estat sublim de devoció, i els seus llavis xiuxiuejaven la
tonada d'un cant devocional. Ambdós passaven per davant de la
porta d'uns veïns a la banda nord d'Idamannel, quan, de sobte,
Sudhàmani es va aturar en sec. Havia sentit els darrers versos del

Xrímad Bhàgavatam, que llegien els veïns en veu alta a l'eixida de casa seva[1]. S'havia acabat la lectura i començaven els cants pietosos.

Sudhàmani s'estava quieta, captivada, semblava que escoltés atentament la cançó. De cop i volta, el seu estat d'ànim es va capgirar. Arrencà a córrer cap a la casa, deixant caure el farcell d'herba que duia al cap, i es quedà dreta enmig de la gent que pregava. Desbordava de joia divina i la seva unió amb el Senyor emanava de tot el seu ésser, tot transformant el seu cos i els seus moviments en els de Krixna mateix.

Bocabadats, els devots van creure que Krixna en persona s'havia manifestat mitjançant Sudhàmani per beneir-los. Ella va demanar a un dels devots que portés aigua i la va aspergir sobre cadascú com si fos aigua sagrada. De seguida va córrer per tot el llogarret la nova de la manifestació divina de la noia i ben aviat es va aplegar una munió de gent. Alguns escèptics li posaven objeccions i deien: "Si en veritat ets el Senyor Krixna, ens ho has de demostrar amb un miracle. Si no, com podríem creure't?" Ella els contestà immediatament:

"Un objecte no pot ser portat a l'existència si no existia ja abans. Totes les coses són projecció de la ment. Si el joiell autèntic és dins vostre, per què en voleu una imitació? L'Ésser Pur ja és en vosaltres, però la ignorància no us el deixa veure!"

Incapaços de comprendre la veritat sublim expressada per algú que vivia establert en l'Ésser Pur, insistien i insistien perquè fes un miracle.

Sudhàmani va dir:

"No tinc cap interès a convertir ningú fent miracles. La meva intenció no és pas de fer prodigis, sinó de desvetllar en els éssers humans el desig d'aconseguir l'alliberament mitjançant la

---

[1] Cada mes, un senyor anomenat Xri Naraianan, del poble del costat, dirigia la lectura de l'epopeia, on s'explica la vida i els jocs de Krixna.

realització del seu Ésser Etern. Els miracles són il·lusions, i no principis essencials de l'espiritualitat. A més, quan haureu vist un miracle, en voldreu veure un altre i un altre sense parar. Jo no sóc pas aquí per crear més desigs, sinó per fer-los desaparèixer."

Tanmateix els escèptics insistien: "No, no te'n demanarem cap altre; mostra'ns-en un i no tornarem a insistir!" Finalment, Sudhàmani, cedint a les seves súpliques, va dir: "Per desvetllar la vostra fe en faré un. Però no em vingueu mai més amb aquesta mena de peticions. Qui tingui dubtes, que torni aquí el mes que ve el dia de la lectura del Xrímad Bhàgavatam."

El dia de la lectura del mes següent es va aplegar una gran gentada tant a dins com a fora de la casa. Els incrèduls fins i tot es van enfilar als arbres del voltant i a les teulades per tal de descobrir qualsevol engany. Mentre manifestava la seva identitat amb Krixna, Sudhàmani va demanar a un dels incrèduls que li portés una gerra d'aigua i novament la va aspergir com aigua sagrada sobre els devots. Aleshores demanà al mateix home que fiqués els dits en l'aigua que restava. Per a sorpresa general, l'aigua s'havia convertit en llet pura! Es va repartir aquesta llet entre tots els presents com si fos un do sagrat procedent de Déu. Després va cridar un altre incrèdul i també li va demanar que posés els dits dins la gerra. Ara la llet s'havia convertit en un púding ensucrat i perfumat (pantxàmritam), que es fa amb llet, plàtans, sucre morè, panses i sucre candi. Un crit d'admiració sorgí de la gola de tots els presents: "Oh, Senyor!, Oh, Senyor!" i cregueren realment que es trobaven en presència de Krixna. El pantxàmritam es va repartir entre més de mil persones i la gerra encara era plena a vessar. Fins i tot van rebre púding algunes persones que seien a certa distància, vora un petit arbre banià o figuera de Bengala prop del mar, i la gerra continuava plena fins dalt. Hi havia, però, alguns escèptics que encara no en tenien prou, i deien que tot plegat no eren més que trucs hipnòtics, i que el "pantxàmritam" es desfaria al cap d'uns segons. Però, per a decepció seva, no va desaparèixer, ans al contrari, perquè les mans de tothom van quedar impregnades de la seva olor durant uns quants dies. Aquest episodi va augmentar considerablement la fe dels vilatans, que ara creien fermament en la divinitat de Sudhàmani.

Pel que fa a l'inici del Krixna bhava, Sudhàmani explicà més tard:

"Al principi jo ballava sola, en estat de benaurança, identificada amb Krixna, però ningú no ho sabia. Un bon dia vaig sentir amb força la necessitat de fondre'm amb l'Ésser Suprem per sempre. Aleshores vaig sentir una veu al meu interior: "Milers i milers de persones a tot el món viuen en la més pura misèria. Jo tinc molta feina a fer a través teu, que ets una amb mi."

Va ser després de sentir aquesta veu que Sudhàmani va manifestar a la gent del llogarret la seva identitat amb el Senyor Krixna. I encara afegí:

"Tenia la facultat de conèixer-ho tot sobre tothom, era plenament conscient que jo mateixa era Krixna, i no solament en el moment particular de la manifestació, sinó sempre. No pensava "Que en sóc d'important!". Quan veia la gent i els seus sofriments, sentia una immensa compassió per ells. Era conscient dels devots que es prostraven davant meu i em tractaven de Senyor. Coneixia els seus problemes sense que ningú me'n parlés."

Des d'aleshores, Sudhàmani va manifestar regularment la seva identitat amb Krixna prop d'una petita figuera de Bengala que creixia a la banda de ponent d'Idamannel, al costat del caminet que vorejava el mar. Al voltant de l'arbre creixien belles plantes florides. Uns anys abans els vilatans havien projectat de construir un temple en aquest lloc, i alguns joves hi havien plantat la figuera i col·locat un llum d'oli sagrat per consagrar l'entorn.

Sugunànandan havia encoratjat aquells joves i també havia participat activament en els seus esforços. La seva anciana mare,

Madhavi, sovint acompanyada per Sudhàmani, hi anava cada tarda a encendre el llum d'oli i a cantar cants sagrats. Davant la figuera hi van construir una petita cabana amb fulles de cocoter, i a l'interior hi col·locaren una imatge de Krixna i de la seva mare Kali. [2]

Aquest era l'indret on Sudhàmani manifestava, anys més tard, la seva identitat amb Krixna. En tractar-se d'un terreny de propietat pública, era un lloc adient perquè la gent s'hi reunís per participar en el Krixna bhava. Ajaguda sobre una branca prima de la figuera, Sudhàmani feia la postura d'Anantaixàiana, la del déu Vixnu recolzat damunt d'Ananta, la serp de mil caps. Per un simple acte de voluntat, el seu cos esdevenia lleuger com l'aire. Era una meravellosa escena per als devots. Aquest lloc sagrat es va convertir en un veritable Vrindavan, la residència de Xri Krixna, i tota l'atmosfera estava impregnada de cants devocionals en homenatge al Senyor. Els devots van començar a afluir-hi per rebre el darxan bondadós de Krixna i alhora per descarregar el pes dels seus problemes. Totes les angoixes desapareixien misteriosament després d'abocar les inquietuds a Sudhàmani en el Krixna bhava.

En aquell temps, quan algú demanava una solució als seus problemes, Sudhàmani, en tant que Krixna, els demanava que encenguessin càmfora i la col·loquessin encesa sobre la seva llengua. I ella s'ho empassava! En acabar el bhava, no quedava cap senyal de cremada a la llengua. Aquesta pràctica augmentà encara més la fe de la gent.

Les notícies del Krixna bhava es van propagar ràpidament i començaren a venir a Paraiakadavu persones de tot l'estat de Kérala i d'altres indrets de l'Índia. D'aquesta manera començà una peregrinació a aquest sant lloc que no s'ha aturat encara. N'hi havia que hi anaven per trobar millora a les seves malalties,

---

[2] Aquest petit temple es troba en el camí de grava que hi ha darrere l'Àixram en el cantó de mar.

d'altres cercaven resposta a problemes materials, i la resta hi anava per curiositat o per devoció. Però el que tothom experimentava és que després d'anar a veure Sudhàmani els seus problemes se solucionaven.

Un grup d'escèptics locals va començar a anar-hi només per passar l'estona amb l'esperança de trobar-hi algun frau: així era com ells percebien la manifestació divina de Sudhàmani. Però la noia romania impertorbable en qualsevol circumstància. Més tard explicava:

"Durant els bhava, em vénen a veure diferents menes de persones. Unes vénen per devoció, algunes per solucionar problemes quotidians, d'altres per guarir-se de malalties. Jo no rebutjo mai a ningú. Com podria fer-ho? Són diferents de mi? No som tots plegats baules de la mateixa cadena de la vida? Cadascú em veu segons el nivell de la pròpia comprensió. Tant els que m'estimen com els que m'odien són iguals per a mi."

Durant els dos primers Krixna bhava, Sugunànandan era fora del poble per qüestions de feina. Quan s'assabentà de la misteriosa transformació de la seva filla, va pensar que potser es tractava d'alguna malaltia desconeguda. Amb tot, decidí presenciar el Krixna bhava en persona, abans de prendre una decisió definitiva. Així doncs, organitzà una lectura del Bhàgavatan a Idamannel. En aquella ocasió Sudhàmani tornà a manifestar la seva unitat amb Krixna. En presenciar la transformació divina de la seva filla, que havia estat un pou de sorpreses des del seu naixement, Sugunànandan es va quedar bocabadat, incapaç de dir res. A partir d'aquell moment, ell, que era un devot fervorós de Krixna, va participar en tots els Bhava darxan, que van esdevenir un fet regular en aquest beneït poble de pescadors a la vora del mar.

En aquella època, els pares encara pensaven que les manifestacions divines de Sudhàmani eren possessions temporals per part de Krixna, que les seves pràctiques devotes eren desviacions temporals i que algun dia desapareixerien. De fet, esperaven amb ganes que arribés aquest dia per tal de poder-la casar. No podem recriminar-los el seu error d'interpretació, ja que ignoraven l'existència de les grans ànimes i del seu comportament. La seva visió de Déu i de les seves manifestacions a la terra era molt simple i es limitava a les figures dels déus i les deesses dels seus oratoris i temples. Déu no se'l podia trobar enlloc més i, sobretot, mai en la persona de la seva excèntrica filla!

Ignorant les experiències anteriors, els pares van intentar una vegada més organitzar el casament de Sudhàmani, però ella tornava a amenaçar, ferotge, qualsevol pretendent que tingués la desgràcia d'arribar a Idamannel. Finalment, ja molt enfadada, va dir als seus pares: "Si m'arribeu a casar, mataré l'home escollit i després tornaré a Idamannel."

Davant del nou fracàs, els pares van anar a demanar consell a un astròleg d'anomenada[3] que vivia lluny i que mai no havia sentit parlar ni d'Idamannel, ni de Sudhàmani amb les seves manifestacions divines. Tenien l'esperança que finalment podrien superar l'escull. Després de consultar l'horòscop de Sudhàmani, l'astròleg es va girar vers Sugunànandan i, amb to solemne, li va dir: "Aquesta noia és una Mahatma (Gran Ànima o Sant). Si no heu concretat encara el casament, us prego que abandoneu la idea. Si, contràriament, ja teniu emparaulat el compromís, anul·leu-lo de seguida. Si no ho feu així, haureu d'afrontar una gran desgràcia que us produirà un gran dolor." Abatut i decebut, el pare tornà a casa seva i tota idea de matrimoni quedà arraconada.

Quan la gent va comprendre que les manifestacions del Krixna bhava de Sudhàmani eren autèntiques, augmentà el nombre de persones que anaven a rebre les seves benediccions. Paral·lelament, n'hi havia d'altres que s'hi apropaven amb l'esperança de treure

---

[3] A l'Índia, els casaments són tradicionalment emparaulats pels pares després de consultar un astròleg, que estudia l'horòscop del fill o la filla.

profit de la seva benvolença divina per satisfer els seus objectius egoistes i fer diners. Una nit, se li apropà un grup de persones pensant que podrien temptar-la oferint-li diners. Li van oferir una gran suma si feia alguns miracles. Ella es va posar a riure i els va dir, afectuosament:

"No en trec res, de fer miracles. El meu objectiu no és aconseguir fama ni prosperitat material fent miracles. Hi ha riqueses immenses i inesgotables dins vostre. Per què voleu anar darrere els béns d'aquest món, transitoris i insignificants? L'objectiu de la meva vida és servir Déu i la humanitat sofrent d'una manera desinteressada. Jo no sóc aquí per guanyar res, sinó per renunciar a tot pel benestar dels altres."

El nombre de devots augmentava de dia en dia, perquè les experiències meravelloses dels qui anaven a veure-la al Krixna bhava inspiraven altres persones a cercar-hi refugi. Els voltants de la figuera vibraven de cants devocionals i els vilatans s'hi aplegaven, oblidant les seves diferències, per cantar junts i rebre les seves benediccions.

En una ocasió, quan una gran munió de gent s'havia reunit al voltant del petit temple del banià, uns núvols foscos i amenaçadors van tapar de sobte tot el cel i va començar a ploure a bots i barrals. Com que no hi havia cap aixopluc pels voltants, els devots van romandre drets sense moure's, esperant la mullena inevitable. Però, per a sorpresa general, no va caure ni una gota en el lloc on es trobaven, si bé plovia intensament al seu voltant.

En aquella època, una cobra verinosa tenia esfereïts els vianants, especialment a la nit. La gent del poble la veia sovint anant d'un lloc a l'altre amb tota llibertat i ningú no gosava passejar-se vora el mar un cop es feia fosc. Els vilatans s'adreçaren a Sudhàmani durant un Krixna bhava per demanar-li que ho solucionés. Al cap de poc, la terrible serpent aparegué durant un bhava. La gent es va dispersar i es va mantenir a una distància prudent.

Aleshores Sudhàmani agafà la cobra amb tota tranquil·litat i llepà amb la seva llengua la llengua de la serp. I després la deixà anar. Mai més ningú no va ser molestat per la cobra i tothom va poder tornar a passejar lliurement per la platja.

En una ocasió, els "Infants de la Mare Oceà", com anomenaven els pescadors, passaven gana perquè no havien pogut pescar res durant dies seguits. Van anar a veure Sudhàmani durant el Krixna bhava i li van confiar la seva desgràcia. Ella els va donar una fulla de tulassi[4] i els va manar que fessin anar un noiet a llançar-la al mar en un lloc precís i que després hi anessin a pescar. Per posar-la a prova, els pescadors no van seguir el consell i van tornar a visitar-la el dia del darxan següent. Abans no obrissin la boca, Sudhàmani els va renyar per la seva malícia i els va donar una altra fulla de tulassi. Sorpresos i penedits, els pescadors es van endur la fulla i es van fer a la mar, però sense deixar-la al lloc indicat.

En el proper darxan Sudhàmani en va tenir compassió i va dansar en èxtasi vora el mar per beneir-los. L'endemà, per a satisfacció i alleujament dels pescadors, un estol de peixos s'aproparà a la costa. Mai, en la història d'aquell llogarret, no hi havia hagut una pesca tan abundant. En resposta a la pregària i la demanda sincera dels pescadors, Sudhàmani va repetir el fet dues vegades més. Però aquesta mena de devoció, inspirada per l'egocentrisme i el desig, mai no ha estat encoratjada ni promoguda per Sudhàmani.

Malgrat el fet que el Krixna bhava era la manifestació externa de l'infinit poder espiritual de Sudhàmani, els seus pares i la majoria de la gent del poble creien fermament que durant els temps del bhava ella era posseïda per Krixna. A més, el seu germà gran i els seus pares estaven convençuts que patia esquizofrènia o alguna mena de malaltia semblant. Per la seva banda, Sudhàmani

---

[4] El tulassi és una varietat d'alfàbrega considerada sagrada i dedicada a Xri Krixna.

preferia no parlar de la qüestió. N'hi havia prou que gràcies al Krixna bhava augmentés la fe de la gent en Déu i poguessin trobar un alleujament al seu dolor. Les diferents etapes del gran joc diví s'anirien desenvolupant en el moment oportú i segons les necessitats dels devots.

El darxan a la vora del mar tenia alguns inconvenients, malgrat l'avantatge que representava per als visitants poder-hi anar amb tota llibertat. La majoria hi anava per devoció i d'una forma respectuosa, però hi havia un grup persistent que només hi assistia per insultar i atacar Sudhàmani. Per altra banda, el creixement del nombre de devots va ocasionar alguns incidents al voltant de la figuera. Per iniciativa pròpia, un grup de vilatans, de forma interessada, van organitzar un comitè administratiu i van decidir instal·lar una capsa tancada per recollir diners que ells mateixos s'embutxacaven. Això va ser l'inici d'una aliança que més endavant causaria molts de problemes.

Aquests fets van entristir profundament Sugunànandan. Una nit, s'acostà a Sudhàmani durant el Krixna bhava i li va dir: "Em fa molta pena veure't fer els Krixna bhava vora d'aquest camí. I se'm fa intolerable sentir com els incrèduls es riuen de tot plegat. Tu ets la meva filla i em fa mal el cor de veure't envoltada de tota mena de gent en un lloc públic." I va esclafir en plor. Sudhàmani li contestà: "Aleshores faciliteu-me un indret on pugui rebre els meus devots. Amb un lloc com l'estable n'hi hauria ben bé prou." Sugunànandan hi va estar d'acord i es va posar tot seguit a reparar-lo. Es va cobrir de ciment el terra i es va construir una paret de mitja alçada per tal de dividir l'estança en dues parts. Una banda va continuar fent d'estable i l'altra es va preparar per fer-hi el Bhava darxan. Els quatre cantons exteriors es van cobrir Amb fulles de palmera trenades.

Ben aviat el Bhava darxan es va traslladar del santuari de la figuera a Idamannel. Sudhàmani feia el Krixna bhava dreta al mig del nou temple i de tant en tant s'inclinava cap a la paret divisòria i posava la mà sobre el cap d'alguna vaca de l'altra banda.

Una nit, durant el Krixna bhava, Sudhàmani va cridar el seu pare i li va dir:

"Els meus devots vindran de tot arreu. Molts d'ells fins i tot s'instal·laran aquí per viure-hi sempre. Haureu d'afrontar nombrosos obstacles, però no tingueu por. Procureu suportar-ho tot. No cerqueu venjança contra ningú. No sigueu envejós. No demaneu res a ningú. Tot el que necessiteu us vindrà sense haver de demanar-ho. Doneu sempre en caritat una part del que rebeu. En el futur, aquest indret esdevindrà un gran centre espiritual. La vostra filla viatjarà per tot el món. Patireu en un futur proper, però Déu sempre us beneirà i proveirà. Els vostres parents i fins i tot els vilatans us odiaran i us insultaran, però amb el pas del temps es convertiran en els vostres amics. Milers dels meus devots seran com fills per a vós. D'ara endavant, la petita és pura per sempre."

Una vegada més Sugunànandan es quedava bocabadat. La seva filla de pell de color blau fosc, aquella que ell havia pegat tantes vegades amb les seves pròpies mans, viatjaria pel món? Ella, que no havia anat mai més lluny del cap Comorín[5]! I milers de devots vindrien a Idamannel? I on dimonis s'estarien? La casa era molt petita! I què volia dir: "la petita és pura per sempre"?[6] Tot i que aquestes paraules li van causar una forta impressió, Sugunànandan no en va fer gaire cas i va considerar que eren fabulacions de la seva filla una mica trastocada. Només al cap dels anys en va comprendre el significat.

El canvi de lloc del Krixna bhava va perjudicar els interessos particulars d'alguns vilatans, que van protestar sorollosament.

---

[5] El cap Comorín o Kaniakumari és la punta meridional de l'Índia, a dos-cents kilòmetres al sud de Paraiakadavu.

[6] A partir de l'adveniment del Krixna bhava Sudhàmani no va tenir més la menstruació.

"No volem un Déu que se sotmeti als desigs del seu pare." Els devots que es reunien habitualment al voltant de la figuera es van escindir en dos grups. L'un va expressar la seva oposició negant-se a cooperar, mentre que l'altre va anar a Idamannel i va continuar cantant bhajans (cants devocionals) durant el Bhava darxan. Exasperats per l'actitud dels devots que van restar fidels, un grup de vilatans començaren a anar a Idamannel amb la intenció de buscar brega. Insultaven obertament els devots mentre cantaven durant el Bhava darxan. Aquest grup opositor format per homes i dones va perseverar en la seva actitud, fins que un dia Sugunànandan se'n va cansar i els va fer fora del temple amb l'ajut d'alguns devots. Però aquest episodi només va ser el principi del problema.

El moviment racionalista

En el grup d'opositors hi havia alguns fills de propietaris rics del poble. Van associar-se en una organització anomenada "Comitè contra les creences cegues", també conegut amb el nom de "Moviment Racionalista". Van aconseguir reunir gairebé mil joves de tretze llogarrets de la costa i iniciaren una campanya per acabar amb les manifestacions divines de Sudhàmani.

Amb tot, els vilatans estimaven la petita pel seu caràcter noble i virtuós des de la seva infantesa, quan saludava cada matí amb els seus commovedors cants dedicats a Krixna. A més, tenien fe en les seves manifestacions divines i li professaven una veritable devoció. Però el caràcter inflexible de Sugunànandan contribuïa a agreujar els sentiments d'enveja o enemistat latents en algunes persones. Al començament d'un Krixna bhava, durant un darxan, Sudhàmani havia advertit el seu pare que no s'enfrontés amb ningú que s'oposés a ella ni se'n vengés. Però ell, passant per alt el consell diví, va prendre certes mesures contra el comitè que no van fer altra cosa que augmentar l'enemistat dels qui s'anomenaven racionalistes.

Van començar a inventar-se eslògans burlant-se de Sudhàmani. Després van publicar pamflets carregats de crítiques absurdes i sense fonament. Això només va ser el principi de la seva campanya venjativa per difamar Sudhàmani i acabar amb el Krixna bhava. El pas següent va ser anar a la policia amb una denúncia falsa, segons la qual Sudhàmani enganyava la gent de bona fe en nom de la devoció! Com a resultat d'aquesta denúncia alguns inspectors de policia van anar a Idamannel per interrogar-la. Impertorbable, els va dir: "Si us plau, arresteu-me si voleu i fiqueu-me a la presó. Aquí, ni la meva família ni els vilatans no em deixen meditar. A la presó, si més no, tindré la solitud per poder fer-ho. Si aquesta és la voluntat de Déu, que així sigui." En haver dit això, allargà els braços i oferí les seves mans. Els inspectors van quedar impressionats per la manera coratjosa i alhora innocent que tenia de dirigir-se a ells i d'afrontar la situació. Alguns van pensar que estava una mica boja, però d'altres van quedar encisats per la seva personalitat i desolats en veure com aquella gran ànima era exposada tan grollerament a l'escàndol i perseguida sense raó. Després de saludar-la respectuosament, els oficials van abandonar Idamannel. El cant que segueix el va compondre Sudhàmani en l'època en què es va presentar la denúncia i es va dur a terme la investigació policial corresponent:

Bhagavané Bhagavané

Vós que sou tot compassió pels devots.
Oh, consciència pura!
Destructor de totes les faltes!
Només hi ha pecadors en el món?

Oh Bhàgavan! Oh Bhàgavan![7]
Qui ens mostrarà la via correcta?

---

[7] Senyor! Senyor!

*Els principis essencials[8] ja només es troben
impresos a les pàgines dels llibres.*

*Oh Bhàgavan! Oh Bhàgavan!
Tot el que es veu són tan sols
disfresses i falsa aparença.
Oh Kanna, si Us plau, us ho prego,
protegiu i restaureu el recte camí!*

Un dia al vespre, a l'hora dels cants devocionals, es va presentar a Idamannel un altre oficial de policia que no se sentia satisfet amb la primera investigació i venia amb l'excusa que s'havia presentat una nova denúncia. Per a sorpresa seva, l'atmosfera del lloc el va omplir de pau i, incapaç de trobar res d'ofensiu o irregular, també se'n va anar sense pronunciar ni un mot.

Els incrèduls continuaven esforçant-se per acabar amb les manifestacions divines de Sudhàmani. Van emprendre unes tàctiques molt més agressives i directes per aconseguir els seus objectius. El pla següent consistia a anar a Idamannel en petits grups durant el Bhava darxan, agafar-la, després humiliar-la i ridiculitzar el darxan. Estaven convençuts que tindrien èxit i se sentien orgullosos de la seva pretesa força i valentia.

Però, abans d'acabar la nit, abandonaren Idamannel avergonyits, perquè per alguna raó inexplicable cap d'ells no s'havia atrevit a atansar-se a Sudhàmani durant la manifestació divina.

Com que no es donaven per vençuts, van recórrer a un bruixot de màgia negra molt conegut pels seus sortilegis mortals. El bruixot es va presentar a Idamannel i va oferir a Sudhàmani unes suposades "cendres sagrades", impregnades de força maligna. Havien estat preparades amb el cos cremat d'una cobra i eren coneguts els seus efectes negatius, que podien fins i tot provocar la mort de la persona a qui anaven destinades. Només el fet

---

[8] Fa referència a les virtuts eternes dels Vedes.

d'agafar les cendres amb la mà ja es considerava un mal averany que provocava grans desgràcies. Plenament conscient de les preteses conseqüències, Sudhàmani va agafar la cendra i la va fregar per tot el seu cos davant del bruixot. Va pensar: "Si el cos ha de morir amb això, que així sigui. Si aquesta és la voluntat de Déu, no se'n pot escapar ningú?"

Aquell homenot sense escrúpols va esperar molta estona per presenciar els efectes de la seva bruixeria, que no es va materialitzar. Finalment va haver de marxar, admetent la seva total derrota, ja que no va passar res d'inusual, ni tan sols hores més tard.

Desesperats per acabar amb Sudhàmani i els seus estats divins, els racionalistes van posar en marxa el seu projecte més malèfic. Entraren en el temple durant el Krixna bhava i li van oferir un got de llet emmetzinada. Sudhàmani va fer el seu paper impecablement i, amb un somriure cortès, es va beure tota la llet sense parar. Els assassins esperaren amb impaciència per veure com queia entre convulsions a l'interior del temple i exhalava el seu darrer alè. Però van quedar ben decebuts: pocs instants després Sudhàmani es girà vers ells, vomità tota la llet emmetzinada al seu davant i continuà rebent els devots com si res. Els racionalistes van fugir i durant un cert temps aturaren la seva campanya contra la jove.

L'altre obstacle que Sudhàmani va haver de suportar constantment era l'actitud de la seva pròpia família. Malgrat els ultratges constants que rebia dels parents, Sudhàmani mai no deixà de ser equànime, tolerant, compassiva i decidida a ajudar els éssers humans en els seus sofriments, tant si eren amics com enemics, parents com estranys.

La creació d'aquella organització antagonista i les seves males intencions contra la innocent Sudhàmani van produir molta angoixa mental a Sugunànandan. En aquell temps Sudhàmani passava moltes nits meditant a la intempèrie, sota el cel estelat. Des de la seva infantesa, sempre havia considerat com a sagrats la solitud i el silenci de la nit, perquè podia comunicar-se amb la divinitat ballant i extasiant-se sense que ningú la molestés.

La por de Sugunànandan augmentava quan s'imaginava que els enemics podien atacar-la mentre es trobava sola, meditant. Un dia li va dir: "Filla meva, vine a casa a dormir!" Sudhàmani el va tranquil·litzar amb fermesa: "Jo no en tinc de casa i prefereixo dormir a fora. Déu és omnipresent. Ell és arreu, tant a fora com a dins. Aleshores, per què ens hauríem d'amoïnar? Si algú ve a fer-me mal, Déu em protegirà."

Pel que fa a Damaianti, tenia fe en Krixna durant el Krixna bhava, però un cop acabat, tornava a ser agressiva com sempre amb la seva filla. Pensava que Sudhàmani era posseïda per Krixna només durant l'estona del Bhava darxan, però la resta del temps continuava essent la seva excèntrica filla i la seva humil serventa. Amb l'adveniment del Krixna bhava, Damaianti no va tenir més remei que alliberar-la de les tasques domèstiques, ja que en qualsevol moment el seu esperit podia envolar-se en samadhi, es trobés on es trobés. Si aquests estats d'absorció es produïen mentre cuinava o mentre travessava el braç de mar, la seva vida corria un risc greu.

Com ja hem assenyalat, Damaianti era molt estricta amb la seva filla. Li va prohibir de parlar amb els devots en acabar el darxan, especialment si es tractava d'homes joves. Si ho feia, la castigava severament i fins i tot la podia pegar sense contemplacions. Encara tenia por que la conducta inusual de Sudhàmani els portés mala reputació i pogués deshonrar el bon nom de la família! Encara que l'esperit de Sudhàmani era més enllà de qualsevol sentiment d'atracció o repulsió, els seus pares la consideraven una noia ordinària amb sentiments humans, desigs i debilitats, exceptuant el període del Bhava darxan. No deixa de ser sorprenent que les persones més properes fossin les menys aptes per reconèixer la seva constant comunió amb la Consciència Divina.

La persona de tracte més difícil de tota la família era el germà gran. No podia suportar la manera com la seva germana rebia els devots i era del tot intolerant amb els seus cants i danses d'èxtasi. Sudhàmani, instal·lada més enllà de qualsevol dualitat, rebia tothom amb la mateixa actitud, fossin homes, dones, nens o vells. Això el treia de polleguera perquè, a més de ser ateu, estava fermament convençut que les dones eren inferiors als homes i havien de callar i passar inadvertides. Considerava que la seva germana era una esquizofrènica i li posava tots els entrebancs que podia.

Un dia, trencà intencionadament el llum d'oli que els devots tenien sempre encès dins del temple durant el Krixna bhava. Quan va arribar el vespre i els devots van veure la llàntia destrossada, van quedar molt tristos, perquè no en tenien cap més per substituir-la. En veure les seves cares afligides, Sudhàmani els va demanar que anessin a collir unes quantes petxines, hi col·loquessin una metxa en cada una i les encenguessin sense oli, perquè no n'hi havia. I va passar l'impossible. Els blens es van encendre i van mantenir-se encesos sense una gota d'oli fins al final del Krixna bhava. Quan li van demanar com havia estat possible allò, Sudhàmani va respondre, simplement: "Les llànties s'han encès pel *sankalpa*⁹ dels devots." Durant el Bhava darxan següent, un devot, que no sabia res de la història de la llàntia i de les seves conseqüències, va fer l'ofrena d'uns llums d'oli per al temple. Quan li van preguntar per què els havia oferts, va contestar que havia tingut un somni en el qual se li demanava que els portés.

Alguns dels vilatans que ridiculitzaven amb arrogància Sudhàmani van haver d'afrontar grans calamitats en la seva vida. L'incident que ara expliquem n'és un bon exemple.

Un dia que Sudhàmani tornava a casa seva després de visitar uns veïns, es va creuar amb un grup de vilatans a la vora del camí. En passar pel seu davant, va sentir com se'n reien. Un, que era

⁹ Una decisió presa amb puresa d'ànima.

ric, va dir a un altre en veu alta: "Fixa't bé en aquesta noia. És ben boja. Tot el dia canta, balla i es pensa que és Krixna. Quines bestieses! És un cas d'histèria emocional. Si el seu pare la pogués casar, li passaria tot!" En sentir aquests comentaris càustics tothom va riure. Ell va continuar amb orgull: "Si el seu pare necessita un dot, jo li puc deixar 2.000 rúpies a crèdit per al casament. Avui mateix li'n parlaré."

Sudhàmani no va badar boca. En arribar a casa seva se'n va anar de dret a l'oratori familiar i va obrir el seu cor a Krixna:

"Oh, Krixna! No sentiu el que diuen? Em tracten de folla. No saben res de la Vostra bellesa i volen fer-me presonera de la seva forma de viure egocèntrica. Oh, Krixna, protector de tots aquells que cerquen refugi en Vós! Vós també m'heu abandonat? Si és així, qui us adorarà en veure la meva situació desesperada? Aquesta és la recompensa per les llàgrimes que he vessat pensant en Vós? Aquest amor i devoció són el fruit del desvari d'una noia boja? Vós heu estat durant tot aquest temps el meu únic refugi. En la blavor del cel, veig el Vostre rostre somrient, en les onades del mar veig la vostra forma dansant i en les refilades dels ocells a la matinada hi sento el so de la Vostra flauta divina! Oh, Krixna, Krixna."

Pregant d'aquesta manera va començar a sanglotar i va caure a terra.

Mentrestant, el vilatà ric que havia fet befa de Sudhàmani preparava les seves barques i xarxes per sortir a pescar. Reunits els pescadors, es varen fer a la mar. La pesca va ser molt abundant i tots n'estaven molt contents, mentre remaven vers la costa.

Durant el viatge de tornada, alguns dels treballadors, que estimaven i adoraven Sudhàmani, li van dir al patró: "Sabeu? No ha estat bé això de riure's d'una petita innocent com heu fet avui." El propietari va contestar despectivament: "I què si ho he fet? Mireu el que ens ha passat per haver-hi fet broma: hem pescat més que mai!"

Els devots restaven muts, amb el cap cot. La barca era molt a prop de la costa, quan se sobte l'amo va cridar: "Ep! Per què no anem a Nindàkara[10]?" Allà en traurem més, del peix. A Parai-akadavu els preus són molt baixos." Hi van estar d'acord i van va posar rumb a Nindàkara. Giarebé ja hi eren, quan, de sobte, es va girar mala mar. En un tancar i obrir d'ulls unes onades enormes van començar a sacsejar la barca de fusta per totes ban-des. L'embarcació, amb el peix, les xarxes i els pescadors, anava fent aigua i tots els esforços dels mariners per salvar-la van ser inútils. La barca s'enfonsava. Tot d'un plegat, una gran onada la va estavellar contra les roques i la va deixar feta miques. La pesca es va perdre, la barca, una de les millors del ric armador, també, i totes les xarxes van quedar estripades entre les roques. Només les seves vides van ser respectades. Amb penes i treballs els pescadors van arribar nedant a la costa.

Va ser un desastre ben inesperat per al vanitós propietari. Ara era ell qui caminava cap cot al llarg de la platja. Abatut, va caure a la sorra, incapaç de suportar el dolor que li produïa aquell gran desastre. Els seguidors de Sudhàmani xiuxiuejaven entre ells: "Mireu què provoca la còlera divina. Presumia de la seva bona sort després d'haver ofès la petita. I ara mireu el que li ha passat." Un altre devot afegí: "Va deixar la costa de Paraiakadavu després de dir que la menuda era una histèrica i, a sobre, presumia que li podia deixar dues mil rúpies per casar-la. Veurem d'on treu els diners, ara!" Entre la barca, les xarxes i la pesca, havia perdut unes setanta-cinc mil rúpies. Els pescadors van tornar a casa amb autobús i la nova es va estendre com la pólvora.

En aquells dies, Sudhàmani es posava a vegades a jugar com una nena de tres anys i els feia entremaliadures als devots que

---

[10] Una ciutat de Kérala coneguda pel seu mercat de peix.

assistien al Krixna bhava. Quan s'acabava el darxan, s'esmunyia sigil·losament, com un gatet, i s'acostava als devots que dormien. A vegades lligava la punta del sari d'una dona amb els cabells d'una altra, o ficava un grapat de sorra a la boca oberta dels homes que dormien. Kharxan, el seu cosí més gran, que era coix, sentia un gran respecte per Sudhàmani i se l'estimava molt. Si en acabar el darxan es quedava adormit en algun lloc, Sudhàmani el buscava i, quan el trobava, l'agafava per les cames i l'arrossegava per terra, tot rient. A ell també li resultava divertit, i tots els devots reien en veure els jocs infantils de Sudhàmani. A Súbhagan no li agradaven gens ni mica aquelles actuacions de la seva germana i constantment la renyava, retraient-li la seva conducta peculiar. Com podia ell, que no tenia ni les més mínimes nocions d'espiritualitat, entendre l'estat elevat de Sudhàmani? Ella explica així la seva insòlita conducta:

"El meu esperit està sempre elevant-se, tendint a fondre's amb l'Absolut. Jo intento sempre fer-lo tornar a baixar per poder servir els qui pateixen i barrejar-me amb els devots. Per això jugo així, per mantenir la ment en el món dels devots, però sense aferrament."

CAPÍTOL 6

Com un infant de la Mare Divina

"A mesura que les meves nobles aspiracions es manifestaven clarament en el meu esperit, la Mare Divina, amb les seves lluents i dolces mans, acaronà el meu cap. Amb el cap cot, jo li vaig dir que la meva vida li era dedicada."

Mata Amritanandamayi

sivastvam gurustvanca saktistvamēva
tvamēvasi māta pitā ca tvamēva
tvamēvasi vidyā tvamēvāsi bandhur
gatirmmē matirddēvi sarvam tvamēva

Oh Devi, en veritat Vós sou Xiva,
únicament Vós sou el Mestre,
només Vós sou la Suprema energia,
Vós sol sou la Mare, Vós sol sou el Pare.
Per a mi, coneixement, família, subsistència i
intel•ligència, tot ho sou Vós.

Devi Bhujàngam

La devoció

L'extraordinari encís i la bellesa de Bhakti (devoció) són indescriptibles. El desig sincer d'un devot és esdevenir devot per sempre. No aspira a aconseguir ni el paradís ni l'alliberament. La devoció és la seva vida i el Senyor el seu Tot Suprem. La joia més gran del devot és cantar la glòria del Senyor. Per això els Bhakti Xastra[1] ens diuen:

La devoció només és fruit de la devoció.
Per la seva naturalesa intrínseca
aquest amor diví és Benaurança Immortal.

Fins i tot el gran sant Suka, establert en la Consciència Suprema, exultava tot cantant lloances al Senyor. Aquesta és la joia que neix de la pura devoció.

---

[1] Escriptures sagrades, com les Nàrada Bhakti Sutres.

Sudhàmani, que estava plenament establerta en la consciència de Krixna, encara tenia delit de gaudir l'èxtasi de la devoció, Para Bhakti. Però la seva total identificació amb el Senyor Krixna feia que li fos impossible tant meditar en la seva forma com restar immersa en el seu record. Aleshores les seves pregàries van minvar i la seva sàdhana de consagració a Krixna finalitzà.

Un bon dia Sudhàmani va tenir una visió que va modificar considerablement la seva manifestació de la Divinitat i el servei al món. Aquesta visió inesperada li va obrir el camí per a la sàdhana de Devi, el seu desig ardent de realitzar la Divinitat com a Mare de l'Univers. Sudhàmani estava asseguda en una cambra de casa seva. Tot i tenir els ulls oberts, el seu esperit es trobava interioritzat en l'Ésser. De sobte, una esfera brillant, rogenca com una posta de sol i suau com la resplendor de la lluna, va aparèixer davant seu. L'esfera de llum giravoltava en l'aire sense tocar terra ni aguantar-se al sostre. Del fons d'aquest disc lluminós, radiant i refrescant, va emergir la meravellosa forma de Devi, la Mare Divina, amb una bella corona al voltant del cap. Subjugada per aquesta visió captivadora que li robà el cor, Sudhàmani va exclamar.

"Oh, Krixna, ha vingut la Mare! Si us plau, porteu-me amb Ella, vull abraçar-la!" De sobte va sentir que Krixna se l'enduia per sobre els núvols, on ella contemplà escenes insòlites: muntanyes de cims altíssims, boscúries immenses i espesses, serpents blaves i coves terribles. Però no trobava Devi enlloc. Com un infant petit, Sudhàmani va començar a cridar: "Vull veure la meva Mare! On és la meva Mare?", feta una mar de llàgrimes.

L'exquisida visió de la Gran Encantadora va desaparèixer, però va quedar enregistrada en el seu cor per sempre més. Va restar en èxtasi una llarga estona. A partir d'aquell moment, el seu únic desig va ser tornar a veure el somriure bondadós i la cara compassiva de la Mare Divina. Sudhàmani, que havia contemplat tantes vegades la Divina Forma de Xri Krixna, va quedar colpida per l'inefable esclat de Devi. Devi li havia robat el cor i només volia abraçar-la, seure a la Seva falda i besar-la. Sudhàmani, que fins aleshores no havia meditat en cap altra forma que no fos Krixna, perquè creia fermament que era la Divinitat més elevada, ara consagrà tot el seu ésser a realitzar la Divinitat sota la forma de la Mare Universal, Adi Paràixakti². Tret del temps que esmerçava fent Krixna bhava, romania en pregona contemplació de la forma radiant de la Mare Divina. El desig ardent de veure-la no parava de rosegar-li el cor, nit i dia. Fins aleshores, les feines de la llar l'obligaven a restar en el món exterior, però ara el lligam s'havia trencat i quedava alliberada del nivell més dens de l'existència. A partir d'ara, fins i tot mantenir una mínima cura del seu cos físic va representar un esforç carregós. Durant mesos, només va beure aigua i menjar fulles de tulassi.

A vegades, quan Sudhàmani es desvetllava de les profunditats de la meditació, cridava ben fort:

"Amma, Amma, on us n'heu anat? Vau venir aquell dia només per abandonar-me? Si us plau, tingueu pietat d'aquesta filla Vostra i manifesteu-vos altra vegada en la Vostra meravellosa i fascinant Forma! Oh, Mare, si jo en sóc digna, feu-me una amb Vós! Jo ja no puc suportar aquesta agonia de separació! Oh, Mare de l'Univers, per què resteu indiferent a la crida desesperada d'aquesta criatura? Si us plau, abraceu-me i asseieu-me a la Vostra falda!"

Kannunir Kondu

Rentaré els Vostres Peus amb les meves llàgrimes.
No m'abandoneu, oh Katiaiam.
Quants de dies he d'esperar, Mare meva,
la visió de la Vostra Forma?

---

² La Suprema energia Primordial, la Creadora, l'equivalent femení de Xiva (la Suprema Energia masculina o Consciència Pura).

Encara que tardeu a acomplir el meu anhel,
el meu esperit se sent satisfet gràcies al Vostre Maia.
Em permeteu que Us ofereixi
una flor vermella als Vostres Peus?

Camino errant per aquest desert
amb l'esperança de trobar-Vos.
Oh, l'Estimada de Xiva, digueu-me:
no guarda gens de tendresa el Vostre cor endurit?

De la mateixa manera que Sudhàmani percebia que tot era impregnat de Krixna, en finalitzar la seva sàdhana de Krixna va percebre arreu la divina presència de Devi, la Mare Divina. Fins i tot la brisa era l'alè de Devi. Errava d'un lloc a l'altre parlant innocentment amb les plantes, els arbres, els ocells i els altres animals. Sentia la terra com la seva mare i rodolava per la sorra cridant-la:

"Amma! Amma! On sou? On no sou?"

Un dia Sudhàmani sortia del petit oratori familiar en acabar la seva meditació. De sobte, li va semblar que era un infant i que la naturalesa era la Mare Divina. En aquest estat de consciència es va posar a camina a quatre grapes com un nadó i, en arribar a un cocoter, s'hi va asseure plorant i suplicant:

"Mare, mare meva. Per què us amagueu? Jo sé que us amagueu en aquest arbre, que sou en aquestes plantes, que viviu en aquests animals, en aquests ocells! La terra no és altra cosa sinó Vós! Per què us amagueu en les onades de l'oceà i en la brisa refrescant? Oh, mare, mare meva esquiva!"

Tot seguit va abraçar-se al cocoter sentint que era la Mare Divina.

A vegades Sudhàmani s'ajeia, però no pas per reposar o gaudir de cap sensació de plaer. Estesa a terra, contemplava la infinitud del cel, els núvols platejats, l'esclat del sol, el fulgor de les estrelles o la resplendor de la lluna. Quan el cel es cobria de núvols de tempesta, ja no hi veia Xri Krixna, sinó la llarga cascada de cabells rinxolats de la Mare Divina. Tota cosa suspesa en la immensitat dels cels esdevenia per a Sudhàmani un signe de la presència de Devi. Quan s'estava estirada així, sota el cel, no s'adormia mai, romania en un estat de súplica permanent a la Mare Suprema de l'Univers, entre plors.

Més tard, referint-se a aquells dies, Sudhàmani comentà:

"Quan caminava, repetia a cada pas el Nom Diví. No feia el pas següent sense haver-lo dit. Si en algun moment m'havia saltat el dir-lo, tornava enrere i repetia el nom, i només després reprenia el camí. Si havia de fer alguna tasca externa, decidia per avançat de cantar el mantra un nombre determinat de vegades abans d'acabar-la. Quan em banyava al riu, abans de submergir-me dins l'aigua també decidia repetir el mantra un nombre concret de vegades abans de sortir a la superfície. Mai no he tingut un Guru, ni cap persona m'ha iniciat en un mantra precís. El mantra que jo repetia constantment era "Amma, Amma".

Hi ha un passatge de les escriptures que diu: "Les accions desapareixen de manera natural en l'estat suprem de devoció." Això és evident en el cas de Sudhàmani. De matí es posava a rentar-se les dents, però tot seguit es perdia en el pensament de la Mare Divina. Aquest estat de concentració s'anava aprofundint i a vegades durava hores. Les seves temptatives de banyar-se encara eren més infructuoses. Entrava al bany i s'adonava que no portava la tovallola. L'anava a cercar, però aleshores s'oblidava del sabó. I s'exclamava:

"Oh, Mare! Quant de temps perdut només per intentar banyar-me! Feu que la meva ment estigui enfocada només en Vós! Només un moment que us oblidi ja és un sofriment intolerable per al meu cor...!"

Deixava de banda la idea de rentar-se i s'asseia al bany en samadhi. Passaven hores, fins que algú la trobava asseguda profundament absorta en meditació i li llançava un gerro d'aigua al cap per fer-la retornar en si i, d'aquesta manera, finalment, es banyava. Si, amb tot, no aconseguien retornar-la, la sacsejaven violentament o se l'enduien a coll fins a casa.

En aquella zona de la costa no hi havia lavabos pròpiament dits. Cada família construïa al marge del braç de mar, sobre l'aigua, una mena de bastida, tancada amb fulles de palmera. En no haver-hi terra, calia enfilar-se a una fusta per fer les necessitats fisiològiques. Moltes vegades, mentre Sudhàmani seia a la comuna, perdia la consciència del món exterior i queia dins l'aigua.

Sudhàmani restava llargues hores meditant en la Mare Divina. Abans de començar, es feia un propòsit interior: "Hi he d'estar durant tant de temps." Aleshores, ordenava: "Asseu-te aquí, cos." I li deia a Devi: "No em feu trapelleries, guardeu-les per a Vós. Si no em deixeu estar aquí meditant, no us deixaré anar!" Si quelcom de l'exterior la molestava, ella mossegava Devi i li estirava els cabells, fins que s'adonava que mossegava el seu propi cos i s'estirava els seus propis cabells.

Un dia, Sudhàmani no va poder romandre en meditació tot el temps previst perquè va sentir que algú la sacsejava violentament i això la pertorbava. Pensà: "Això és una de les Seves trapelleries! Per què no em deixa meditar?" De sobte, obrí els ulls i va sortir corrents de l'oratori per retornar tot seguit amb una mà de morter, amenaçant de pegar Devi. Tot brandant l'eina, cridava: "Avui, us...!", i bruscament es va adonar de la seva insensatesa. Anava a pegar Devi? Com podia ser? Era just? Llençà la mà de morter i reprengué la seva meditació.

Sudhàmani no deixava passar ni un segon sense recordar la Mare Divina. Si algú li parlava, ella s'imaginava que era Devi. L'interlocutor continuava parlant fins que s'adonava que la noia es trobava misteriosament instal·lada en un altre món. Si ella oblidava Devi un sol instant, s'acusava, molt dolguda: "Oh, Mare, quant de temps perdut!" i per tal de recuperar-lo aquell dia feia la meditació més llarga. Si deixava de fer una meditació passava tota la nit repetint el mantra i pregant sincerament: "Oh, Mare, quin sentit té la vida, si sóc incapaç de meditar en Vós? Sense Vós, només hi ha Maia esperant devorar-me. Oh, Mare, atorgueu-me la força necessària, us ho prego! Concediu-me la Vostra visió! Permeteu-me de dissoldre'm en el Vostre Ésser etern!"

El que més li agradava era meditar a la vora del mar en les hores silencioses de la nit. Per ella la remor de les onades ressonava com la síl·laba sagrada "Om". El blau del cel immens, refulgent amb incomptables estrelles, reflectia la il·limitada divinitat de la Mare. En uns segons l'esperit de la jove s'interioritzava i s'establia espontàniament en l'Ésser.

Si Sugunànandan anava a buscar la seva filla en una d'aquestes nits, s'inquietava molt en no trobar-la ni a casa ni al pati. Aleshores anava cap a la mar i la trobava allí, asseguda en profunda meditació, quieta com una pedra. Alguns vilatans, ignorant el motiu de les visites nocturnes de Sudhàmani al mar, començaren a murmurar. Quan els comentaris arribaren a orelles de Sugunànandan, ell li va prohibir estrictament continuar anant de nits al mar.

Aquests incidents, característics de la fase inicial de la sàdhana consagrada a Devi, van convèncer encara més la seva família de la bogeria de Sudhàmani. Aquells elevats estats de pura devoció eren incomprensibles per a una persona ordinària. A vegades, Sudhàmani sanglotava com un nadó tot cridant un Ésser imperceptible; en altres moments, picant de mans i rient, rodolava per la sorra intentant de fer petons a les ones del mar exclamant "Amma, Amma!" No és pas gaire estrany que el vol del ser cap a l'Ésser es confongués amb la bogeria. Ni tan sols els devots que la visitaven durant el Krixna bhava no comprenien el profund anhel que Sudhàmani sentia per unir-se amb la Mare Divina.

Resulta irònic que la seva família la considerés trastocada i no intentés mai descobrir la causa o la cura de la seva bogeria. Al contrari, la insultaven i se'n reien, especialment el seu germà gran, Súbhagan. Els tractes esdevenien tan inhumans, que Sudhàmani va decidir acabar amb la seva vida llançant-se al mar. Cridà i implorà a la Mare Divina:

"Tan dolenta sóc? Per què la meva família és tan cruel? La gent només estima els qui són encantadors. No veig amor pur enlloc en aquest món. Oh, Mare estimada, sento que tot és una il·lusió. Oh, Mare, no sou Vós la protectora dels devots? I no sóc jo la Vostra filla? Vós també m'abandoneu? Si és així, per què continuar portant aquest cos? És una càrrega per a mi i per als altres. Accepteu la Vostra filla, oh, Mare Mar!"

Ben decidida, Sudhàmani va córrer cap a l'oceà. En arribar a la ratlla de l'aigua, al punt de saltar, va veure el mar com la mateixa Devi. Incapaç de mantenir la ment en el nivell físic, entrà en samadhi i caigué inconscient damunt la sorra.

Kharxan, cosí i devot de Sudhàmani, havia sentit per casualitat la pregària de comiat que ella feu en sortir precipitadament d'Idamannel i la seguí escapat, endevinant la seva intenció. En trobar-la inconscient a la vora de l'aigua, la va pujar a coll i la portà amb reverència fins a Idamannel, tot regraciant Déu per haver-la trobada viva encara.

En el poble, molta gent sentia simpatia per Sudhàmani, encara que alguns també la consideressin boja. Entre ells deien: "Mireu en quines condicions viu! Pobra noia! Ningú no se n'ocupa. Fins i tot els seus pares l'han abandonada. Quan era normal i tenia salut, treballava com un escarràs nit i dia, i ara no se n'ocupen gens ni mica. Que potser ja no és la seva filla?"

Algunes dones del veïnat, sentint compassió per ella, començaren a servir-la amorosament. Eren dones que l'havien admirada des de menuda. Ara eren devotes del Krixna bhava i reconeixien l'esplendor espiritual i l'amor incondicional que irradiava Sudhàmani. Sempre que podien, l'ajudaven o la treien de perill.

Txelamma i la seva filla Vàtsala, vivien en el terreny que hi havia just davant d'Idamannel. Vàtsala considerava Sudhàmani com la seva millor amiga i sentia un gran amor per ella. Com que vivien a prop, eren ella i la seva mare les que moltes vegades s'adonaven que la noia havia caigut inconscient a l'aigua. La treien, l'eixugaven i la vestien amb roba neta.

Púixpavati i el seu marit, Bhàskaran, eren tots dos molt devots. La dona estimava Sudhàmani com si fos filla seva i s'entristia en veure el maltractament que patia per part de la seva família. Dues germanes, Rema i Rati, que vivien prop d'Idamannel, també se l'estimaven molt. Una altra amiga fidel, Aïxa, cosina per la banda de la tia, tenia dolços records de l'amable i afectuosa Sudhàmani. Aquestes van ser les dones que van tenir la benedicció de servir Sudhàmani durant els seus dies d'intens *tapas*[3]. Sovint, quan Sudhàmani perdia consciència del món exterior, una d'aquestes dones la trobava en el fang o en un lloc brut. Si no aconseguien retornar-la en si, se la carregaven a coll i la duien a la seva pròpia casa. Com si fos una nena petita, li raspallaven les dents, la banyaven amb aigua calenta, la vestien amb roba neta i l'alimentaven amb les seves mans.

Com sempre, Súbhagan era hostil a Sudhàmani i als seus estats de manifestació divina. En diverses ocasions la va pressionar perquè deixés de fer el Krixna bhava, per tal com considerava que era una vergonya i que portava mala reputació a la família. En veure que ella no li feia cas, va decidir prendre mesures més dràstiques.

---

[3] Disciplina espiritual austera i intensa.

Un dia, després del Bhava darxan, Sudhàmani anava a entrar a casa seva i es va topar amb Súbhagan, que li barrava el pas amb una actitud amenaçadora. "No posis els peus en aquesta casa! Només hi podràs entrar si deixes de cantar i ballar d'aquesta manera tan vergonyosa."

Considerant aquestes paraules com una indicació divina, Sudhàmani va sortir a fora sense dir mot i va seure al pati davant de la casa. Però Súbhagan li va dir que allà tampoc no s'hi podia estar. Aleshores Sudhàmani agafà un grapat de sorra i li va dir: "Si això és teu, fes el favor de comptar aquesta sorra!"

A partir d'aquell dia va viure a la intempèrie, cosa que la feia ben feliç. El cel era el seu sostre, la terra el seu llit, la lluna el seu llum i la brisa marina el seu ventall. Aquestes condicions austeres només van servir per intensificar la seva renúncia i la seva determinació de realitzar la Mare Divina. Alçant els braços i amb els ulls plens de llàgrimes, Sudhàmani exclamava ben fort, com un infant que crida la seva mare:

"Amma, Amma! M'heu abandonat aquí perquè em mori d'anhel de veure-us? Els dies passen un a un, però el meu esperit no es troba en pau si no contempla la Vostra forma encisadora. Tota la meva esperança és en Vós. També Vós m'abandonareu? No veieu la meva situació desesperada?"

En aquesta època Sudhàmani va escriure aquests cants:

Bhaktava-lsale Devi

Oh, Devi, oh Àbika, encarnació de la bellesa,
Vós que sou amorosa amb els devots,
veniu a instal·lar-vos aquí
per posar fi als seus sofriments.
Vós que ho sou tot i teniu prou poder
com per acabar amb el meu dolor,
Vós que sou l'arrel i l'origen de tot.

Emperadriu que regneu damunt de tots els éssers,
Vós sou el món sencer i alhora la seva protecció.

Ferma en aquesta fe, Us canto lloança amb devoció.
Oh Deessa de l'Univers, com em deleixo per veure-us.

Fa tant de temps que anhelo veure-us!
Us canto lloances sense perdre un instant.

He comès alguna falta? O no voleu acabar
amb el meu sofriment?

O potser és que voleu que el meu ésser interior
cremi i quedi reduït a cendres?
Estic confosa, no sé res.

És que potser és falsa la veritat que duc al cor
que tot els fills són iguals per a la Mare Divina?

Perquè acabi el meu sofriment demano
una mica del nèctar de la gràcia
que vessa una mirada dels Vostres ulls sagrats.

Em prostraré als Vostres peus
per veure la Vostra faç adorable i suplicaré
la Vostra benedicció per realitzar la vida.

Oru tuli sneham

Oh, Mare, perquè la meva vida sigui plena,
atorgueu una gota del Vostre amor al meu cor eixut i roent.
Per què, oh per què oferiu foc
per adobar aquesta planta ja calcinada?

Desfeta en plors,
quantes llàgrimes no Us he ofert?

No sentiu el meu cor palpitant
i els meus sospirs entretallats de sofriment?

No deixeu que el foc penetri i dansi
en el bosc d'arbres de sàndal.
No deixeu que aquest foc de sofriment
mostri la seva força i ho arrasi tot.

Oh, Devi! cantant el nom 'Durga, Durga'
el meu esperit ha oblidat tots els altres camins.
Oh, Durga meva! jo no vull ni el cel ni l'alliberament.
Jo només vull la devoció pura per Vós.

A causa de les austeritats tan extremes, el cos de Sudhàmani s'escalfava molt, com si es trobés enmig de brases enceses. La temperatura pujava a vegades a uns límits tan alts que li resultava intolerable fins i tot anar vestida. Per apaivagar la sensació de cremor, rodolava sobre la sorra humida de les vores del braç de mar. A vegades quedava submergida dins l'aigua durant hores, en pregona meditació.

Els devots sincers i fervents de Sudhàmani solien convidar-la a casa seva en ocasió de solemnitats especials. Creien que la seva presència conferia esplendor i força espiritual a la cerimònia. Aquestes famílies l'anaven a buscar a Idamannel i se l'enduien en autobús. A vegades, a la mateixa parada d'autobús Sudhà-mani tenia una embranzida mística. Oblidant-se de tot el que l'envoltava, rodolava per terra, rient. Com és natural, la gent no comprenia el significat d'aquells estats i, aplegant-se al seu voltant, la contemplaven sorpresos. Alguns se'n reien i la tractaven de boja. La mainada l'escarnia. Però res no l'afectava. Quines mofes podien arribar a les esferes on ella s'envolava? Quins insults podien alterar la Beatitud Divina d'aquella noia innocent?

A vegades, enduta per l'angoixa de la separació de la Mare Divina, Sudhàmani plorava i cridava molt fort. Els nens se li acostaven i intentaven consolar-la: "No ploris, germana gran. Que tens mal de cap?" Més endavant van entendre que plorava per veure Devi. Durant aquests atacs incontrolables, una de les seves germanes petites es plantava davant d'ella fent de Devi, amb el seu sari i els cabells llargs deixats anar. Sudhàmani, feliç, corria a abraçar-la. Si per atzar, quan es trobava en aquest estat, veia alguna nena bonica, hi anava correts a fer-li petons i abraçades. Ella només hi veia Devi.

Sugunànandan, en veure que la seva filla no tenia cap cura del seu cos, va sentir-ne llàstima i va intentar en diverses ocasions fer-li un recer per aixoplugar-la de la pluja i protegir-la del sol. Quan es trobava immersa en meditació, asseguda o ajaguda, els pares aprofitaven per aixecar un cobert damunt d'ella. Però quan tornava a la consciència del món exterior i s'adonava del que havien fet, se n'anava, tot dient: "Això també esdevindrà un motiu de sofriment. Quants dies el conservareu? Si us en aneu, qui se n'ocuparà? Res no m'afecta. Deixeu-me que suporti el fred, la pluja i el sol per poder transcendir-los."

Durant aquesta època d'intens desig de veure la Mare Divina, Sudhàmani es comportava com una criatura de dos anys, l'infant de la Mare. La identificació era tan intensa, que moltes de les accions de Sudhàmani no es poden entendre si no es té en compte aquest fet. Un dia, després de meditar, va sentir molta gana i molta set. Aleshores va veure a la casa veïna Púixpavati donant de mamar al seu nadó. Se n'hi va anar de dret i apartant l'infant del pit va pujar a la falda de la dona per mamar. En comptes d'enfadar-se per l'inesperat gest de Sudhàmani, Púixpavati es va sentir plena de sentiment maternal per ella. L'incident es va repetir diverses vegades, fins que Púixpavati es va adonar que era millor alletar el seu nen en algun lloc on Sudhàmani no la pogués veure.

Un dia Sudhàmani jeia inconscient damunt la sorra fangosa de vora el braç de mar. Un grup de devots l'hi varen trobar i es van commoure en veure-la d'aquella manera, amb el nas, els ulls, les orelles i els cabells plens de brutícia i sorra. Un riu de llàgrimes havia deixat solcs a les seves galtes blaves. Els devots van anar a trobar Sugunànandan per avisar-lo de l'estat llastimós en què es trobava la seva filla, però ell no en va fer ni cas. Molt afectats per la situació, van decidir portar-la a casa ells mateixos, en no aconseguir que recuperés la consciència del món exterior. La van rentar i la van estirar al llit del seu germà gran perquè descansés tranquil·lament.

Quan Súbhagan va tornar a casa i va trobar Sudhàmani al seu llit, va començar a sacsejar-lo com si el volgués destrossar i es posà a cridar com un boig: "Qui ha ficat aquesta desgraciada al meu llit? Qui ha ficat aquesta desgraciada al meu llit?" fins que el llit es trencà a trossos. Sudhàmani seguia inconscient enmig de l'aldarull. Més tard, quan es va assabentar del que havia passat i del perill de la situació, va dir, simplement: "Tot el que ens passa és per al nostre bé, segons la voluntat de Déu." En el darxan següent, amb gran sorpresa de tothom, un devot que era fuster i que no sabia res de l'incident del dia abans, li va regalar un llit, una taula i una cadira. Quan li van preguntar pel motiu d'aquella ofrena, ell va dir que Krixna se li havia aparegut en somnis i li havia demanat que portés aquells objectes.

CAPÍTOL 7

Molt millors que l' home

"Els éssers humans no són els únics que tenen la capacitat de parlar. Els animals, els ocells i les plantes també tenen aquesta facultat, encara que nosaltres no siguem capaços d'entendre'ls. Qui ha tingut la visió de l'Ésser sap aquestes coses."

Mata Amritanandamayi

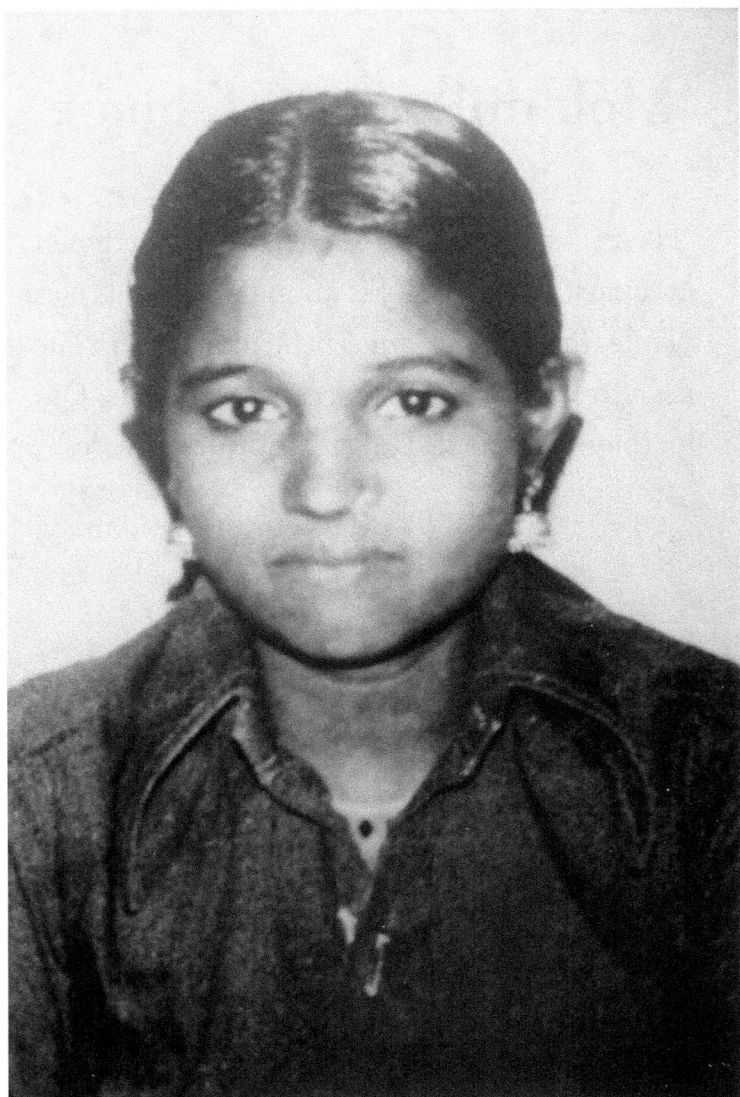

ahimsā pratiśtāyām tat
sannidhau vairatyāgaha

Quan algú s'estableix en la no-violència,
tots els éssers que se li acosten deixen de ser hostils

Patànjali Ioga Sutres, Sàdhana Padam, versicle 35

Quan Sudhàmani vivia a l'aire lliure, gossos, gats, vaques, cabres, serps, esquirols, coloms, lloros i àligues buscaven la seva companyia i es van convertir en els seus amics íntims. Aquesta etapa de la sàdhana demostra el poder de l'amor, quan és lliure d'atracció o repulsió, per crear harmonia entre animals que són enemics per naturalesa. Durant el temps en què la seva pròpia família la va abandonar i s'oposava aferrissadament a la seva vida espiritual, van ser aquests animals els qui la van acompanyar sempre i li van retre servei fidelment. Si observem la conducta dels animals, ens adonem que semblaven entendre Sudhàmani molt millor que els humans.

En aquell temps Sudhàmani no podia menjar res fet a casa seva, perquè era extremadament sensible al menjar preparat per gent mundana. L'únic aliment que tolerava era el que es preparava tot recitant mantres. Un dia, en sortir del temple després de meditar, va sentir molta gana i molta set. Davant mateix del temple hi havia ajaguda una vaca de la seva família, que ella va percebre de seguida com un do de Déu. Com si fos una vedelleta, va anar directament a mamar, apaivagant així la set i la gana, mentre la vaca mantenia les potes en la posició adequada. A partir d'aleshores, la vaca s'ajeia cada dia davant del temple, esperant que Sudhàmani sortís de meditar. Ni tan sols donava de mamar al seu propi vedell si abans no l'havia alimentada a ella! Sugunànandan va intentar diverses vegades fer fora la vaca de l'indret on s'esperava. La tibava per la cua i li llançava cubells d'aigua, però no va aconseguir que es mogués.

A vegades les veïnes oferien llet a Sudhàmani. Si no era pura i estava barrejada amb aigua, només de tastar-la la vomitava, i la gent que li havia ofert la llet adulterada patia alguna contrarietat. Així és que ella va decidir menjar i beure només allò que li vingués de Déu.

Un altre incident extraordinari va tenir lloc aquells dies al poble de Bhandaraturuttu, a uns sis quiilòmetres cap al sud, on vivia l'àvia de Sudhàmani. Ratnadassan, el seu oncle, va deslligar com cada dia les vaques per dur-les al pati on les rentava i els donava menjar. De sobte, una vaca es va escapar i es va posar a córrer en direcció al mar i, un cop hi arribà, girà bruscament cap al nord. Corria veloç platja enllà, mentre Ratnadassan amb prou feines aconseguia seguir-la, en el seu intent d'atrapar-la. Finalment, la vaca girà per entrar al poble de Sudhàmani i es dirigí a Idamannel, on no havia estat mai. Anà directament cap a on Sudhàmani es trobava meditant i es va posar a fer-li carícies amb el musell i a llepar-la, com expressant el seu amor per una vella amiga. Com que Sudhàmani continuava immersa en profunda meditació, la vaca es va ajeure prop seu, observant-la, com si esperés que acabés de meditar. Al cap d'una estona Sudhàmani va obrir els ulls i en veure la vaca, que li resultava vagament familiar, es va aixecar i es va dirigir cap ella. Aleshores la vaca alçà la pota del darrere tot convidant-la a beure de la seva llet. I Sudhàmani es posà a beure, davant l'astorament del seu oncle, que la mirava incrèdul.

Quin poder misteriós havia empès la vaca a anar on era Sudhàmani? És cert que la noia se n'havia ocupat en l'època en què va viure a casa de l'àvia, anys enrere, però explica això el comportament sense precedents de l'animal?

A vegades, mentre Sudhàmani meditava fora de casa, les serps se li enrotllaven al cos, com si volguessin arrossegar-la al món exterior. Un dia se'n va anar d'Idamannel, després d'alguna hostilitat per part de la seva família. Una dona del veïnat la va trobar pel camí, la va consolar i la va dur a casa seva. Sudhàmani va anar de dret al santuari familiar per desfogar el seu cor adolorit davant la Mare Divina, i va compondre aquest cant:

Mànassa Vatxa

En el meu pensament,
en les meves paraules i en les meves obres
Us recordo sempre.
Per què trigueu tant a mostrar-me
la Vostra misericòrdia, estimada Mare?

Els anys han anat passant
i el meu cor no coneix la pau.
Oh, Mare estimada, concediu-me una mica d'alleujament.

El meu esperit trontolla
com un vaixell enmig de la tempesta.
Oh, Mare, atorgueu-me una mica de pau,
no permeteu que caigui en la follia.

Estic cansada, Mare, això és insuportable.
No la vull, una vida com aquesta.
No puc afrontar les Vostres proves.
Oh, Mare, no sóc capaç de suportar-les!

Sóc una pobra desemparada.
No tinc ningú fora de Vós, Mare.
Us suplico que poseu fi a aquestes proves,
oferiu-me la Vostra mà i eleveu-me.

De sobte, el seu estat d'ànim canvià i va tenir un rampell de bogeria divina. Cridant i rodolant per terra va començar a esquinçar-se la roba. Després es posà a riure i continuà rodolant descontroladament. La família que l'havia acollida l'observava astorada i preocupada, sense saber què fer per calmar-la. En aquell moment va aparèixer una gran serp al llindar de la porta i es va arrossegar directament cap al cos de Sudhàmani. La família observà horroritzada com la serp llepava a petits cops amb la seva llengua la cara de la noieta, que continuava alterada. Això va durar uns minuts i va tranquil·litzar Sudhàmani, que va anar tornant gradualment a l'estat de consciència ordinària. Aleshores el rèptil s'allunyà i va desaparèixer. Semblava com si la serp conegués el remei que Sudhàmani necessitava per reprendre la consciència del món exterior i senzillament l'hi va aplicar.

Qualsevol persona que visités Idamannel s'adonava de seguida que hi niaven diverses espècies d'ocells. Sudhàmani estimava especialment els papagais, els preferits de la Deessa. A vegades, quan la invocava dient "Oh Mare! No vindreu al meu costat?", un estol de papagais l'envoltava. Un devot n'hi oferí un, que sempre voleiava al seu voltant, ja que mai no el tancava a la gàbia. Un dia estava pensant:

"Quin món tan cruel i terrible! Enlloc no hi ha ni un bri de veritat ni de rectitud. Tothom menteix i el món és ple de pecadors. Ningú no sembla mostrar el camí correcte a la humanitat!"

Mentre les llàgrimes li rodolaven galtes avall, entrà en un estat d'introspecció profunda, durant una bona estona. En un moment donat, va veure que el papagai, aturat davant d'ella, també plorava, com si patís el mateix dolor. El sofriment de Sudhàmani també l'havia commogut.

A més del papagai, hi havia també dos coloms que passaven molta estona a prop de la noia. Cada vegada que cantava lloances a la Mare Divina, els tres ocells es reunien al seu costat, dansant i aletejant joiosos.

En un arbre molt gros que hi havia a la propietat d'Idamannel, hi havia un niu d'àguiles[1]. Un dia el niu va caure a terra i els dos pollets que hi niaven es van trobar per terra, atordits i indefensos. Alguns nens entremaliats van començar a llançar-los pedres per matar-los, però Sudhàmani els rescatà ràpidament. Els crià amb cura i amor fins que, al cap d'unes setmanes, ja van poder volar i els va deixar en llibertat. Després, els dos gàrudes sempre venien al principi de cada Krixna Bhava i s'aturaven durant una bona estona a la teulada del petit santuari. Eren un gran motiu d'atracció per als devots, per tal com Gàruda és el vehicle de Vixnu. La misteriosa connexió d'aquests dos ocells amb Sudhàmani afegia esplendor visual al darxan i incrementava la fe dels devots en la seva naturalesa divina.

Durant el període de sàdhana dedicat a Devi, cada vegada que Sudhàmani entrava en èxtasi, vessant abundoses llàgrimes en el seu anhel per veure la Mare Divina, aquests dos ocells baixaven volant al seu costat, com si volguessin protegir-la. Algunes dones del veïnat observaren amb estupefacció com les dues aus, fixant la mirada en el rostre sofrent de Sudhàmani, també es posaven a plorar.

Un dia, després de meditar, va sentir moltíssima gana. Un dels dos gàrudes s'envolà immediatament cap a l'oceà i tornà al cap d'uns minuts amb un peix al bec. L'àguila deixà el peix a la falda de Sudhàmani, que el va agafar amb agraïment i se'l va menjar bo i cru. Quan Damaianti ho descobrí, esperava cada dia l'arribada de l'ocell amb la seva ofrena. Així que l'àguila deixava anar el peix, Damaianti corria a agafar-lo i el fregia per a la seva filla. Durant l'època de la sàdhana per realitzar Krixna, Sudhàmani havia deixat de menjar peix. La simple flaire de peix la feia vomitar. Però el que li oferia cada dia el gàruda era aliment

---

[1] A l'India de l'àguila en diuen "gàruda". Gàruda és el Vehicle del Senyor Vixnu, del qual Xri Krixna és una encarnació.

enviat per Déu i se'l menjava amb alegria. La pràctica quotidiana del gàruda continuà durant un bon temps.

Un altre animal que sempre rondava la menuda era un gatet. Entrava al temple durant cada Bhava darxan i caminava al voltant de Sudhàmani talment fes el seu pradàkxina[2]. Després seia una bona estona al seu costat amb els ulls clucs, com si estigués meditant. Un dia, algú va voler desempallegar-se'n i el va dur a l'altra banda del riu, però a l'endemà tornava a seure al costat de Sudhàmani.

Un gos negre i blanc va mostrar també una lleialtat fora de mesura. Quan Sudhàmani plorava resant a Devi i queia inconscient, el gos s'hi acostava i li llepava la cara, els braços i les cames fins que es reanimava. Si Sudhàmani volia sortir d'Idamannel, el gos li estirava la faldilla i bordava protestant, perquè no volia que se n'anés. Sovint li duia un paquetet de menjar amb el seu morro i el deixava al seu davant. El gos mai no va menjar ni un gra d'arròs d'allò que li havia dut en ofrena. A la nit dormia al seu costat i Sudhàmani el feia servir de coixí quan s'estirava a contemplar el cel.

Una nit, mentre meditava asseguda a la sorra a la vora del braç de mar, va entrar en samadhi i el seu cos es cobrí de mosquits. Sugunànandan passava per allí i la va cridar, però no en va obtenir resposta. Es posà a sacsejar-la amb brusquedat, com era el costum familiar. Aleshores observà que el seu cos s'havia tornat lleuger com una ploma. "Tot el seu cos semblava sense vida, però com que no era la primera vegada que la trobava en aquell estat, no em vaig preocupar", explicà més tard. Va seure al costat de la seva filla i, de sobte, va aparèixer el gos negre i blanc, que es posà a bordar furiosament. En pocs minuts Sudhàmani va obrir els ulls i va tornar a l'estat ordinari de consciència. Semblava que

---

[2] Caminar al voltant d'un objecte sagrat, mantenint-lo sempre a la dreta del qui camina.

els animals tinguessin més capacitat que els humans per cridar l'atenció de Sudhàmani i fer-la tornar en si.

A vegades, l'intens amor que el gos sentia per Sudhàmani li feia pensar que es tractava de la Mare Divina en persona. En moments així, s'oblidava de tot i abraçava i cobria de petons el gos, cridant; "Mare meva, Mare meva!"

Un dia, mentre meditava, es va sentir molt intranquil·la. S'aixecà immediatament i va córrer vers el poble. El gos negre i blanc havia caigut en mans d'un gosser. Ganyolava i gemegava llastimosament, però sense mostrar agressivitat. Incapaç d'alliberar-se del llaç opressor, es veia arrossegat sobre les potes posteriors. Algunes noies amigues i devotes de Sudhàmani havien reconegut el gosset i li suplicaven a l'home que el deixés anar. Com que el gosser s'hi negava, fins i tot li van oferir una recompensa. En aquell precís instant va arribar Sudhàmani. El gos se la va mirar llastimosament i es va posar a plorar! Això va ser la gota que va fer vessar el got i l'home no va tenir més remei que alliberar l'animal.

Hi havia una altra gossa al veïnat que també sentia un gran amor per Sudhàmani. Quan estava prenyada, un dia s'atansà al temple i va quedar-se a fora esperant. Quan Sudhàmani sortí del santuari, en acabar la meditació, se la va trobar al porxo. No havia entrat, però tenia les potes del davant recolzades al llindar de la porta i va començar a udolar d'una manera especial, com si tingués mal. Sudhàmani l'abraçà i li va fer petons, tot preguntant-li: "Què et passa, filleta, què et passa?" La gossa es va ajaçar a la sorra i lliurà el seu darrer sospir.

Cada vegada que algú es prostrava en presència de Sudhàmani, el gos negre i blanc estirava les potes del davant i inclinava el cap. Quan ella ballava extasiada de devoció, l'animal saltironejava al seu voltant participant en la seva dansa beatífica. Durant el culte del capvespre, en el moment en què sonava el caragol sagrat, el gos emetia un udol característic, imitant-ne el so.

Un dia, Sudhàmani va tenir un fort pressentiment, com si el seu bon amic, el gosset negre i blanc, s'hagués de morir de la ràbia. I així va ser: va morir al cap de dos dies sense gaire patiment. Quan li van preguntar si estava trista per haver perdut el seu fidel amic, va contestar: "No n'estic gens ni mica, perquè la mort també m'arribarà a mi. Aleshores, per què n'hauria d'estar?" Més endavant va dir que l'ànima del gos s'havia reencarnat prop d'Idamannel, sense mencionar més detalls.

A propòsit d'una cabra que també se l'estimava molt, Sudhàmani va dir un dia:

"Tenia les mamelles infectades i lluitava per sobreviure. Estava a punt de morir quan vaig veure la seva agonia. Vaig seure-hi a prop i em vaig posar a pregar i meditar. En obrir els ulls, vaig veure la pobrissona que venia cap a mi arrossegant-se sobre els genolls. Arribà, posà el seu caparró a la meva falda i morí dolçament, amb els ulls fits en mi. Això sí que és amor pur!"

Uns quants anys més tard, va comentar:

"Quins dies tan plens de joia! Era ben curiós veure com tots aquells animals comprenien els meus sentiments i actuaven en conseqüència. Si jo plorava, ells també ploraven. Si jo cantava, ells ballaven al meu davant. Quan perdia la consciència del món exterior, s'arrossegaven sobre el meu cos. Tots els trets de caràcter dels diferents animals es troben també en els humans. Quan algú s'allibera de tot aferrament i tota aversió i s'instal·la en l'equanimitat, fins i tot els animals més ferotges s'amanseixen en la seva presència."

CAPÍTOL 8

Enlluernadora com un milió de sols

"Somrient, Ella es transformà en una resplendor divina i es va fondre en mi. La meva ment florí, banyada amb l'esclat multicolor de la Divinitat, i la memòria de milions d'anys enrere va sorgir dins meu. Des d'aleshores, veient que res no era separat del meu propi Ésser, que tot era la Unitat absoluta, i fonent-me en la Mare Universal, vaig renunciar a tota forma de plaer."

Mata Amritanandamayi

driśā drāghīyasā dara dalita nīlotpala rucā
davīyamsam dīnam snapaya kripayā mām api shive

anenāyam dhanyo bhavati na ca te hānir
iyatāvane vā harmlye vā sama kara nipāto
  himakaraha

*"Oh, consort de Xiva! Banyeu-me en el Vostre esguard
pregon, formós com la poncella d'un lliri blau, que em
trobo desemparada i lluny de Vós! Per la Vostra acció,
aquest ésser mortal aconseguirà el bé suprem de l'existèn-
cia i a Vós això no us causarà cap perjudici. La lluna,
resplendent com la neu, irradia la seva llum tant sobre
un bosc com sobre un palau."*

Saundaria Lahari, versicle 57

Amb la fe absoluta dipositada en la Mare Divina, Sudhàmani sura-
va en l' Oceà de l'Amor Immortal. Per ella, tota l'atmosfera que
l'embolcallava, de dalt a baix i de dreta a esquerra, era impregnada
de presència divina. La brisa era la carícia amorosa de la Mare.
Els arbres, les heures i les flors eren Devi i, per tant, dignes de la
seva adoració incondicional. Fixant l'esguard al cel i contemplant
allò que nosaltres no sabem, se submergia en un accés de rialles
i llàgrimes incontrolables fins que queia a terra inconscient. Nit
i dia ressonaven en l'aire d'Idamannel les pregàries angoixoses
d'aquesta xiqueta orfe dirigides a la Mare desapareguda. En aquest
nivell de realització espiritual, en què no veia més que la Mare
Divina en tota cosa de la Natura, va compondre aquest càntic:

135

Xríxtiium niie

Vós sou la Creació i el Creador,
Vós sou l'Energia i la Veritat,
Oh Deessa, oh Deessa, oh Deessa!

Vós sou la Creadora del Cosmos,
Vós sou l'origen i la fi.
Vós sou l'Essència de l'ànima individual
i també sou els cinc elements.

El clan ara familiar d'animals tenia cura de Sudhàmani, que no es veia mai que mengés o que dormís. Tampoc no es comunicava amb les persones, si no s'hi atansaven elles a parlar-hi. Tasques tan elementals com raspallar-se les dents no eren a l'abast del seu esperit, que s'envolava a alçades supremes. Si menjava alguna cosa podien ser fulles de te usades, fems de vaca i fins i tot excrements humans: era incapaç de trobar la diferència entre un bon àpat i qualsevol deixalla. Quines paraules podrien descriure aquest estat que les nostres ments i els nostres intel·lectes són incapaços de copsar?

Ja no podia aguantar més el seu sofriment i no parava de pregar a la Mare Divina:

"Oh Mare, el meu cor està desfet pel dolor d'aquesta separació! Per què el Vostre cor no té pietat de mi en veure aquest doll inacabable de llàgrimes? Oh Mare, molts sants Us han adorat i han aconseguit veure-us i quedar units amb Vós per sempre! Oh Mare estimada! Us prego que obriu les portes del Vostre cor compassiu a aquesta humil serventa! Em sufoco com si m'estigués ofegant! Si refuseu de venir a mi, aleshores poseu fi a la meva vida, si us plau. Que l'espasa que talla el cap dels malvats i dels injustos caigui també damunt la meva testa. Deixeu-me, si més no, ser beneïda pel fil de la Vostra espasa! Aquest cos inútil m'és tan feixuc! Quin sentit té guardar-lo?"

L'angoixa de Sudhàmani havia arribat al seu punt més alt, les seves pregàries es van exhaurir. Segons les seves pròpies paraules:

"Cada porus de la meva pell era obert d'enyorança, cada àtom del meu cos vibrava amb el mantra sagrat i tot el meu ésser es precipitava vers la Mare Divina com una torrentada tempestuosa."

Immersa en una agonia inenarrable, exclamà:

"Oh Mare. aquí teniu la Vostra filla a punt de morir, presa d'un dolor incommensurable. El cor se m'esberla. Els meus membres s'esqueixen. Tinc convulsions com un peix fora de l'aigua. Oh Mare. no em mostreu gens de bondat. No tinc res a oferir-vos fora d'aquest darrer alè de vida."

La seva veu es va estroncar, se li aturà la respiració i Sudhàmani va caure a terra, inconscient. Aquest va ser el moment escollit per la voluntat de la Mare. La Divina Encantadora de l'Univers, l'Omniscient, l'Omnipresent, l'Ésser Omnipotent, la Creadora Primordial, la Mare Divina es va aparèixer a Sudhàmani en una forma viva, brillant com mil sols. Una onada incommensurable d'amor i de goig desbordà el cor de Sudhàmani. La Mare Divina li va somriure bondadosament i, transformant-se en un esclat de pura llum, es va fondre en ella.

El càntic "Ànanda Vithi" o "El camí de la Beatitud" descriu l'experiència. Ella ha intentat fer entenedora la unió mística, que queda més enllà de les paraules.

Ànanda Vithi

Un dia, la meva ànima dansà amb goig
pel camí de la Beatitud.
En aquell moment, tots els meus enemics interiors,
com l'atracció i la repulsió, varen fugir
i s'amagaren en els racons més pregons de la ment.

Oblidant-me de mi, em vaig fondre en un somni daurat
que emergí de l'interior del meu ésser.

Mentre les nobles aspiracions es manifestaven
nítidament en el meu esperit,
la Mare Divina m'acaronà el front,
amb les Seves mans brillants i suaus.
Inclinant el cap, Li vaig dir que Li dedicava la meva vida.

Somrient, Ella es transformà en una resplendor divina
i es va fondre en mi. La meva ment florí,
banyada amb l'esclat multicolor de la Divinitat,
i la memòria de milions d'anys enrere
va sorgir dins meu. Des d'aleshores,
veient que res no era separat del meu propi Ésser,
que tot era la Unitat absoluta,
i fonent-me en la Mare Universal,
vaig renunciar a tota forma de plaer.

La Mare em va dir que ensenyés a tothom
la finalitat de la vida humana.
És per això que proclamo al món sencer
la veritat sublim que Ella em va revelar.
Oh home, realitza l'Ésser!

Mils i mils de ioguis
han nascut a l'Índia
i han viscut d'acord amb els principis
proclamats pels grans savis del passat,
per eliminar el dolor de la humanitat.
Quantes veritats pures ens han estat revelades!

Avui tremolo de goig
en recordar les paraules de la Mare:
"Oh benamada, vine amb Mi,

abandona tota altra activitat.
Ets meva per sempre."

Oh Pura Consciència,
oh Encarnació de la Veritat,
seré fidel a les Vostres paraules.
Oh Mare, per què heu trigat tant a venir?
Per què m'heu atorgat aquest naixement?
Jo no sé res, oh Mare.
Perdoneu els meus errors, Us ho prego."

A partir d'aquell dia, Sudhàmani va desenvolupar un fort rebuig a tota cosa material. Cavava grans clots a terra per amagar-s'hi, amb la intenció de fugir de les diversitats del món i de la gent presonera dels sentits. Passava dia i nit gaudint de la benaurança perenne de la Realització de Déu i evitava qualsevol companyia humana. Si abans alguns ja la prenien per boja, ara en quedaren convençuts. Qui podia entendre el nivell de consciència on es trobava instal·lada? Encara que interiorment Sudhàmani havia creuat el llindar de l'Absolut, per a la família i els veïns del poble continuava essent la mateixa petita folla que tres dies a la setmana era posseïda per Krixna. L'únic canvi, si és que algú se n'havia adonat, era que ara, en lloc de rodolar per la sorra, cavava grans clots.

L'adveniment del Devi Bhava

Un dia, Sudhàmani va sentir una veu interior que li deia:
"Filla meva, jo habito en el cor de tots els éssers, i no pas en un de particular. El teu naixement no és només perquè gaudeixis de la pura benaurança de l'Ésser, sinó per reconfortar la humanitat sofrent. A partir d'ara, venera'm en el cor de tots els éssers i allibera'ls del sofriment de l'existència mundana."

Va ser després d'aquesta crida interior que Sudhàmani va iniciar la manifestació del Devi bhava, l'estat d'identificació amb la Mare Divina, alhora que continuava amb el Krixna bhava.

Feia només sis mesos del primer darxan de Krixna bhava. Un dia, a finals de l'any 1975, durant el Krixna bhava i mentre els devots anaven entrant un a un en el temple, un fet inesperat va canviar completament l'atmosfera.

Com de costum, un grup de devots cantava bhajans a fora del temple. Sudhàmani manifestava la seva identitat amb Xri Krixna i acollia amb joia els fidels. Un somriure encantador il·luminava la seva cara radiant i els presents gaudien, feliços, de la presència divina. De sobte, un devot va entrar en el petit temple molt pertorbat. Un dels vilatans hostils a Sudhàmani l'havia insultat greument.[1] Incapaç de suportar els comentaris despectius que havia rebut, fet una mar de llàgrimes, implorava l'ajut de Krixna per posar remei a la situació.

De sobte, el bondadós somriure va desaparèixer. L'expressió de Sudhàmani canvià i es tornà ferotge, com si hagués arribat l'hora de la dissolució final. Els seus ulls eren com dues boles de ferro roent i, encesos de ràbia, semblava que anaven a treure foc. Les mans feien el mudra de Devi[2]. Tots els presents, dins i fora del temple, se sobresaltaren en sentir el riure tronador que sortia de tot el seu ésser. Mai no havien sentit un riure com aquell. Testimonis sorpresos del sobtat canvi d'actitud de Sudhàmani, els devots de dins del temple tremolaven sense saber què fer. Alguns erudits presents van començar a cantar en veu alta mantres de pau i bhajans en lloança de la Mare Divina, mentre d'altres feien

---

[1] Els incrèduls continuaven actius i es col·locaven al llarg del camí per on havien de passar els devots i els insultaven. No només els habitants del poble tenien aquesta conducta hostil cap a Sudhàmani, sinó que el seu propi pare i el seu germà hi consentien. Fins i tot intentaven desanimar els fidels perquè no es quedessin fins al final del darxan.

[2] El gest sagrat associat amb la Mare Divina.

l'Arati[3]. Després de moltes pregàries i repeticions de diversos mantres, es va anar calmant i retrobà la pau. En aquell moment, el Bhava de Krixna es va transformar en el Bhava de Devi.

Més tard Sudhàmani confessà:

"En veure la tristesa d'aquell devot, em van venir ganes de destruir tota aquella gent perversa que no paraven de ridiculitzar els fidels. Sense adonar-me'n, Devi es va manifestar en el Seu aspecte ferotge[4] per tal d'oferir refugi als perseguits."

Des d'aleshores, a més del Krixna Bhava, la Santa Mare o Amma, com l'anomenarem a partir d'ara, va fer regularment darxan per als devots com a Devi.

Amma era l'encarnació de l'Amor Universal. Les qualitats que s'havien manifestat des de la seva infantesa, com estimar, ajudar i servir els altres, es van expandir plenament. La Mare acollia amb la mateixa tendresa i compassió els més materialistes i els més espirituals, els analfabets i els erudits, els rics i els pobres, els malalts i els sans. Escoltava amb paciència tots els problemes que li confiaven, s'adaptava a la naturalesa i maduresa de cadascú i, segons les seves necessitats, els guiava i consolava en tots els seus problemes.

Poc després de l'inici del darxan de Devi bhava, es van produir alguns canvis en l'actitud d'Amma. Durant la sàdhana consagrada a Devi normalment es mantenia distant i poc comunicativa. El seu temps era consagrat a la pregària i a la meditació en la forma de la Mare Divina. Si els seu pares o el seu germà la maltractaven físicament o verbalment, es mantenia en silenci. Però ara s'havia tornat més desafiadora i fins i tot la seva expressió facial havia canviat. La seva naturalesa s'havia fet més intrèpida i inflexible, sobretot quan havia de parlar amb els seus pares i el seu germà sobre temes referents al Bhava darxan o a la relació amb els

---

[3] Cerimònia en la qual es crema càmfora davant la Divinitat.
[4] Kali Mata.

devots. Ara començà a relacionar-s'hi més, amb aquests, per tal d'instruir-los espiritualment. Aquest període marca l'inici de la seva missió espiritual.

El meu ésser sense forma

"Des d'aquell dia[5], vaig adonar-me que res no era diferent del meu propi Ésser sense forma, dins del qual tot l'univers existeix com una petita bombolla."

Amb aquestes concises paraules Amma ens transmet una valuosa percepció interna. Si bé arrelada en un estat suprem de Realització divina, va continuar la seva sàdhana per mostrar que totes les diferents formes de les divinitats no són altra cosa que aspectes diversos de la Realitat no dual. Havent arribat al perfecte control mental, descobrí que podia identificar-se amb qualsevol aspecte diví mitjançant un simple acte de voluntat. Amma ens explica algunes de les experiències que va tenir durant les seves sàdhanes:

"En acabar una de les meves pràctiques, vaig tenir la sensació que em sortia un gros ullal de la boca i alhora vaig sentir un zumzeig esgarrifós. Vaig percebre la forma de Devi amb grans dents, la llengua a fora, cabells negres rinxolats, ulls vermellosos i esbatanats i pell de color blau fosc[6]. Vaig pensar: 'Corre! Fuig! Devi ve a matar-te!' Vaig estar a punt de fugir. De sobte em vaig adonar que jo mateixa era Devi. Fins i tot el crit zumzejant era meu. I duia la vina[7] a les mans, la corona al cap i l'anell al nas. Uns minuts després, vaig pensar: 'Què ha passat? Com és que m'he transformat en Devi? Potser és un truc de la Mare Divina per posar a prova la meva sàdhana?' Llavors vaig decidir: 'Meditaré

---

[5] Es refereix a la seva experiència de fusió amb la Mare Divina.

[6] Una descripció de Kali Mata.

[7] Instrument de corda que du a la falda Saràsuati, la deessa del Coneixement.

en Xiva i veurem què passa!' I en començar a meditar en la forma de Xiva em vaig convertir en Ell, amb els Seus cabells esborrifats i les serps enrotllades al coll i als braços. Altra vegada vaig pensar: 'Potser Xiva m'està provant', i vaig deixar de meditar en la Seva forma. Aleshores vaig fixar el meu cor i la meva ànima en el Senyor Ganeixa, el qui elimina els obstacles. De sobte, tot el meu ésser es va transformar en Ganeixa, amb el cap d'elefant, una llarga trompa i un parell d'ullals, un dels quals era trencat pel mig. Fos quina fos la forma divina que contemplava, m'hi convertia tot seguit. Després vaig sentir una veu interior que em deia: 'Tu no ets diferent de tots ells. Ja fa temps que tots s'han fos amb tu. Aleshores per què crides tots aquests déus i deesses?' "

A partir d'aquell moment, la meditació de la Santa Mare en Déu amb Forma es va acabar de manera natural. L'omnipresent síl·laba sagrada 'Om' brollà del seu interior i tot el seu ésser s'hi va fondre per sempre. Malgrat tot, continuava meditant per donar exemple. Quan li preguntaven per què ho feia, contestava:

"Durant la meditació, Amma s'apropa als seus fills, especial-ment a aquells que hi pensen intensament i els qui més pateixen."

L'epopeia de Xrímad Bhàgavatam explica un fet semblant. Un dia, el famós savi Nàrada anà a Duàraka, la residència de Krixna, per fer-li una visita. En arribar, trobà el Senyor meditant profundament. Inclinant-se amb respecte davant d'ell, li preguntà: "Vós en qui mediteu?" Krixna, somrient, li va respondre: "En els meus devots."

Cal recordar que si bé la nena s'havia convertit en la Mare als ulls de molta gent, per a la seva família continuava essent Sudhàmani. Tot i que es trobava fermament establerta en l'Ésser Suprem, això era massa subtil perquè ho entenguessin els seus pares i el seu germà gran. Continuaven dubtant i interpretant erròniament el seu comportament com a esquizofrènia. Tenien por que el contacte amb els devots derivés en una conducta moral desviada i això portés mala reputació a la família. El seu germà Súbhagan es mostrava especialment agressiu amb la Mare, i el seu comportament es tornà violent. Un dia, Súbhagan i alguns dels seus cosins van demanar amb un fals pretext a Amma que els acompanyés a casa d'un parent. Així que van arribar, la van tancar en una habitació. De sobte, un dels cosins la va amenaçar amb un ganivet que duia amagat a la roba. Súbhagan va dir: "El teu comportament ha anat massa lluny! Tacaràs el bon nom de la família. Com que no pots deixar de barrejar-te amb tota mena de gent i cantar i ballar, és millor que et moris." S'enfurismà en sentir la resposta d'Amma, que li va dir, rient: "Jo no tinc por de la mort. El cos ha de trobar la seva fi un dia o altre, però no es pot matar l'Ésser. Ara que esteu decidits a acabar amb la meva existència física, demanaré un últim desig que cal que respecteu. Deixeu-me meditar una estona, i em mateu mentre estigui en meditació." Aquesta resposta els irrità encara més. Un de la colla va exclamar: "Qui t'has cregut que ets per donar-nos ordres? Que potser som aquí per decidir la teva mort seguint el teu desig?" Ella va somriure i contestà amb fermesa:"Crec que ningú més que Déu pot acabar amb la meva vida." Un altre dels cosins va cridar: "Déu! Qui és el teu Déu?" Malgrat les paraules d'amenaça, ningú no tenia valor per fer res contra ella, davant la seva calma impassible i la seva intrèpida resposta. De sobte, el cosí que havia brandat l'arma, saltà vers ella i li col·locà el ganivet al mig del pit, fent pressió com si volgués apunyalar-la. Just en aquell moment, va quedar paralitzat per un mal molt fort al seu propi pit, exactament al mateix lloc on li havia posat a ella el ganivet, i va caure a terra, recargolant-se de dolor. En veure el seu terrible sofriment, els altres quedaren horroritzats. En aquell instant arribà a la casa Damaianti, amoïnada perquè havia vist Sudhàmani marxar sola amb Súbhagan i els seus cosins. En arribar i sentir la cridòria, va endevinar que en passava alguna de molt grossa. Començà a cridar i a picar la porta perquè li obrissin. Quan finalment van obrir, va agafar la seva filla de la mà i se la va endur cap a casa, platja enllà. De tornada cap a Idamannel, mentre caminaven per la vora del mar, Amma va dir:

"La teva gent se sent deshonrada per causa meva. Aquest oceà és també la meva mare i ell m'acollirà, feliç, amb els braços oberts. Vaig a llançar-m'hi." En sentir aquestes paraules, Damaianti es va trastornar i va començar a cridar: "No ho facis, filla meva! No parlis així! Durant el Krixna bhava Bhàgavan m'ha dit que, si et suïcides, tots els meus fills es tornaran bojos." Al final la va convèncer i la va retornar a Idamannel.

L'episodi no acaba aquí. El cosí que l'havia amenaçada amb el ganivet va ser hospitalitzat posteriorment. Les millors atencions mèdiques no van poder evitar que vomités sang sense parar i acabés morint. Quan ja estava molt greu, Amma el va visitar, el consolà amorosament i fins i tot l'alimentà amb les seves pròpies mans. Estava sincerament penedit del seu greu error i plorava amargament en veure la bondat i misericòrdia que li mostrava Amma.

Amma no sentia cap aversió cap al cosí que havia intentat matar-la, ni tampoc no va tenir res a veure amb el càstig que aquest va patir. Simplement, va ser fruit de la seva acció. Més endavant Amma ho va explicar:

"De la mateixa manera que hi ha éssers humans que senten un intens amor per Amma, també hi ha nombrosos ésser subtils que l'estimen. Si algú vol fer-li mal, ella no reaccionarà. Amma s'acara amb aquesta persona sense cap emoció, ni pensa res d'hostil contra algú que actua per ignorància. Ara bé, aquests éssers subtils s'enfaden i prenen venjança. Enteneu per què? Imagineu-vos que un home ataca una mare. Penseu que els seus fills es quedaran sense fer res? Fins i tot si la seva mare intenta dissuadir-los, ells buscaran l'home per venjar-se'n."

Transcendint les limitacions de l'existència mundana, Amma rebia tots els devots, fos quina fos la seva casta, les seves creences, la seva classe social o el seu sexe. Als ulls dels incrèduls i dels ignorants, aquesta visió igualitària i oberta era un símptoma evident de desequilibri mental. Els escèptics continuaven entrant en el temple durant el Bhava darxan per fer-li preguntes malintencionades. Això no afectava Amma, que es mantenia tranquil·la, però Sugunànandan se sentia molt afectat per les observacions insolents d'aquella gent. Per altra banda, si bé totes les temptatives de casar la seva filla havien fracassat, no podia abandonar del tot la idea. Començà a pensar que el Bhava darxan era un gran obstacle per a la realització de les seves intencions i, com Súbhagan, passà a considerar el darxan com quelcom de vergonyós. A més, també li preocupava el fet que el cos de la seva filla es posava dur com una pedra i calien hores d'intens massatge perquè tornés a la normalitat.

Aquests era l'estat d'ànim que va empènyer Sugunànandan a fer pinya amb Súbhagan per intentar acabar amb el Bhava darxan. Durant el següent Devi bhava, entrà en el temple i li va dir a Amma: "Devi, heu de marxar del cos de la nena. No volem aquí més Bhava darxan. Volem casar-la. Vull que em torneu la meva filla!"[8]

Dirigint-se a ell com si fos el seu padrastre[9], Amma li preguntà: "És la teva filla?" Sugunànandan, ja prou alterat, en sentir la manera com li parlava, s'enfurismà: "Sí! És la meva filla! Que potser els déus i les deesses tenen padrastre? Vull que em tornin la meva filla!"

---

[8] Cal recordar que els familiars creien que Amma era posseïda per Krixna i per Devi tres dies a la setmana. La resta del temps continuava essent la noia boja.

[9] Des de petita Amma només havia acceptat Déu com el seu pare i mare veritables i, per tant, tots els altres eren padrastres i madrastres.

Amma contestà tranquil·lament: "Si et torno la teva filla, serà un cadàver que aviat es descompondrà. Hauràs d'enterrar-la, i no pas casar-la." Poc disposat a escoltar, Sugunànandan exigí: "Que la Deessa se'n vagi allà d'on ha vingut! Jo vull la meva filla!"

Ella va dir: "Que sigui així. Aquí tens la teva filla. Pren-la!" I en el mateix moment es desmaià. Al cap de pocs minuts, el seu cos era rígid i el cor deixà de bategar. Els ulls esbatanats no tenien ni una espurna de vida. Era morta.

Aleshores s'alçà una remor de planys. Tots els qui eren al darxan van quedar colpits de dolor. Damaianti i la resta de les seves filles es van desmaiar. Immediatament va córrer la nova que Devi havia llevat la vida a Sudhàmani per l'error de Sugunànandan. Tothom l'acusava d'aquella mort prematura.

Van encendre llànties d'oli al voltant del seu cos i fins i tot la naturalesa va restar silenciosa en aquell moment. Alguns devots ploraven, d'altres parlaven sense sentit, en estat de xoc emocional, d'altres van anar a seure al seu voltant i, per verificar si respirava, apropaven les mans al nas per veure si en sortia alè. Res. Un metge que havia vingut al darxan li va prendre el pols. Era morta. Va ser un moment tràgic.

Sugunànandan, adonant-se de la terrible situació que havia provocat la seva conducta insensata i incapaç de suportar el dolor del seu cor, va caure inconscient. Un silenci fúnebre regnava en el temple. Tothom pensava que s'havia produït l'irreparable i que no hi havia cap esperança que Amma recuperés la vida. Varen transcórrer vuit hores funestes. En tornar en si i afrontar la terrible escena, Sugunànandan va implorar, plorant i cridant, a la Mare Divina: "Oh Devi! Us ho suplico, perdoneu-me! És per pura ignorància que us he parlat així! Us ho prego, feu que la meva filla torni a la vida! Perdoneu-me aquesta falta! Mai més tornaré a fer un acte tan indigne!" Implorant d'aquesta manera, va caure a terra de bocaterrosa davant del temple, plorant sense parar.

De sobte, un devot va advertir un lleuger moviment gairebé imperceptible en el cos d'Amma. L'esperança va renéixer en el cor dels devots, que no en treien la vista de sobre, mentre les seves llàgrimes de tristesa es convertien en llàgrimes de joia. Amma tornava a viure, però en Krixna bhava! Llavors, dirigint-se a Sugunànandan, que era un fervent devot de Krixna, li va dir: "Sense Xakti[10], Krixna no pot existir!"

Aquest incident va modificar considerablement l'actitud del pare vers Déu i vers la seva filla. Des d'aleshores va deixar fer més o menys el que ella volia, i mai més no intentà casar-la. Posteriorment Amma va comentar sobre aquell fet:

"Ell volia a qualsevol preu que Devi li retornés la seva filla. Però si realment fos la seva filla, Sugunànandan hauria hagut de tenir també la facultat de retornar-li la vida. I no era pas capaç de fer-ho. Com a molt, és el cos físic que pertany als pares. Quan Sugunànandan suplicà que se li tornés la filla, és el cos que li va ser donat."

---

10 L'aspecte femení de l'energia còsmica, personificat en la forma de Devi.

Capítol 9

L'espasa de la veritat

"Fills meus, fins i tot mentre un home talla un arbre separant-lo de la seva arrel, aquest li fa ombra. Un aspirant espiritual hauria de ser així. Només aquell qui prega pel benestar dels qui el turmenten pot arribar a ser una persona espiritual. L'arma més valuosa de l'aspirant espiritual és l'espasa de la veritat."

Mata Amritanandamayi

durvrtta vrtta samanam tava dēvi sīlam
rūpam tadhaitadavi cintyamatulya manyaih
vīryam ca hantr hrtadēvaparākramānām
vairisvapi prākatitaiva dayā tvayēdham

*"Per la Vostra naturalesa, oh Devi, apaivagueu la
conducta dels malvats; i en fer-ho mostreu una bellesa
incomparable, inconcebible per als altres; el Vostre poder
destrueix tots aquells que arrabassen la força als déus i
així mostreu la Vostra compassió fins i tot pels enemics."*

Devi Mahàtmiam, capítol 4, versicle 21

Sembla que totes les grans ànimes han de patir persecució per
part d'esperits mediocres, però amb això encara creixen, perquè
els esculls que troben pel camí afegeixen encara més esplendor a
la seva glòria. Només cal veure la vida de Xri Krixna, Xri Rama,
Jesucrist i Buda per adonar-se'n. La vida d'Amma també n'és un
bon exemple. Cap a mitjans del 1978, tres anys després de l'inici
del Devi bhava, el nombre de devots no parava d'augmentar i
a Idamannel venia gent d'arreu de l'Índia per rebre el darxan
d'Amma. A mesura que creixien els fidels, els incrèduls també
intensificaven les seves campanyes malèfiques. Però cap poder
humà no podia impedir la missió espiritual de la Santa Mare.

En aquells dies hi van haver alguns presagis que auguraven
una catàstrofe a Idamannel. Súbhagan no n'havia tingut prou amb
les desastroses conseqüències de la temptativa d'assassinar a sang
freda la seva germana, i com més temps passava més augmentava
la seva hostilitat contra Ella. Va intentar imposar les seves idees
egocèntriques a tota la família, que, per por del seu caràcter impre-
visible i violent, no s'atrevien a enfrontar-s'hi. El nombre creixent
de devots i les calúmnies dels racionalistes incrèduls atiaven el foc

de la seva ment agitada. Començà a molestar i insultar els fidels que assistien al Bhava darxan amb la intenció de dissuadir-los de participar-hi.

Aleshores, fos per obra del destí o com a resultat de les seves accions, Súbhagan va quedar afectat per una terrible malaltia anomenada elefantiasi. Els símptomes van aparèixer alhora a les mans i a les cames. Cap tractament mèdic no posava remei al seu mal. El pensament de sofrir una malaltia incurable el martiritzava. Començà a patir greus depressions i a mostrar tendències suïcides. El seu estat d'angoixa, que expressà moltes vegades als seus amics íntims, acabà provocant-li insomni i començà a prendre pastilles per dormir. El sofriment, físic i emocional, va fer que anés perdent gradualment el seny.

Un dia, Amma va cridar Damaianti i li va dir: "Sembla que Súbhagan s'acosta a la seva fi. Tu el pots ajudar fent un vot de silenci, si bé hauràs de superar alguns obstacles per mantenir-lo. Per tant, estigues molt alerta mentre el duguis a terme." Damaianti inicià el vot de silenci una dia de bon matí, però vet aquí que cap a migdia una vaca, fent una estrebada a la corda que la lligava, es va escapar de l'estable. Damaianti, oblidant-se del vot de silenci, cridà: "Que s'escapa la vaca! Agafeu-la!" La família va veure un mal presagi en aquest fet, per tal com Damaianti havia estat advertida de posar molta cura en el compliment del vot. L'incident va omplir de por i angoixa la família. Al cap d'uns dies, Súbhagan, en un atac de ràbia, insultà greument una dona musulmana que havia vingut a Idamannel per al Bhava darxan. Incapaç de suportar els insults, la dona entrà corrents al temple i, plorant a llàgrima viva, començà a donar-se cops de cap al llindar del santuari, tot exclamant amb veu forta: "Oh Mare! Oh Mare! Aquest és el destí dels qui venim a veure't?"

Quan Amma va sentir els crits desesperats de la dona, el seu rostre somrient i radiant es transformà de cop i volta. S'alçà del setial sagrat, amb expressió esfereïdora, brandant una espasa en una mà i un trident en l'altra. Amb to greu i solemne va exclamar: "Sigui qui sigui el qui hagi afligit aquesta devota, morirà abans de set dies."

Quan la predicció d'Amma arribà a oïdes de Sugunànandan, aquest se'n va anar corrents al temple per demanar perdó a la Santa Mare per la lamentable conducta del seu fill i suplicà que li salvés la vida. A canvi, oferia la seva. Amma va contestar amb to solemne i profund: "Jo mai no castigo ningú. Si m'insulten o em maltracten tant me fa. Ara bé, quan un devot és injuriat, ni Déu mateix no perdona. Cadascú ha de recollir els fruits dels seus actes. No pot ser de cap més manera."

Passaren set dies. Era gairebé mitjanit del 2 de juny del 1978 quan Súbhagan, que havia estat informat de la predicció d'Amma, es va penjar. Va deixar una nota on explicava que la raó del seu suïcidi era la tensió insuportable que li produïa el seu mal. Aquest fet va provocar caos i tristesa a Idamannel. Els incrèduls aprofitaren immediatament l'oportunitat per reforçar la seva campanya contra Amma i van començar a difondre versions falses de la mort de Súbhagan, arribant, fins i tot, a acusar Sugunànandan, que estimava el seu fill gran més que la seva pròpia vida, d'haver-lo assassinat.

Malgrat tots els seus esforços, els racionalistes no van aconseguir fer valer les seves acusacions, ja que existien moltes evidències que es tractava d'un suïcidi. A més de la nota escrita per mà de Súbhagan, aquest havia enviat diverses cartes a amics i parents per informar-los de la seva intenció. L'autòpsia també va confirmar que la mort havia estat causada per suïcidi. Davant les evidències, la possibilitat d'un procés judicial no es va plantejar.

El suïcidi de Súbhagan commocionà els parents, que reaccionaren amb odi i una oberta oposició. Ignoraren la família com si mai no hagués existit i mai més no la convidaren a assistir a cerimònies públiques, festes, casaments o rituals religiosos. Tots els parents van abandonar-los. Si visitaven la casa del costat, ni tan sols es dignaven mirar cap a Idammanel. Si anaven a la vora del mar prop d'Idamnnel per dur a terme algun ritual en honor dels avantpassats, en acabar marxaven immediatament. La família d'Amma va patir molt amb aquesta actitud dels familiars, que encara afegia més sofriment als seus cors afligits.

Setze dies després de la mort de Súbhagan, quan es va reprendre el Bhava darxan, Sugunànandan s'acostà a Amma amb el cor desfet. Es queixà que no hagués fet res per salvar el seu fill estimat d'aquella mort tan horrible i esclafí en plors. Amma el consolà, tot dient: "No et preocupis. El teu fill mort tornarà a néixer com un devot dins d'aquesta mateixa casa, d'aquí a tres anys." Passà un cert temps i Kasturi, la filla gran, es va casar. En quedar embarassada del primer fill, Amma l'anomenà Xiva quan encara era dins el ventre de la mare. Com que li havia dit un nom masculí, tothom estava convençut que el nadó seria un nen. I així va ser. Després del naixement, Amma va comentar:

"Durant aquests tres anys des de la mort de Súbhagan el seu esperit ha restat en els entorns de l'àixram. Ha estat sentint els cants devocionals i els mantres vèdics i ha pogut rebre un altre naixement, com a 'Xiva', en aquesta mateixa casa. Xivan és ara un noi intel·ligent que des de ben petit canta la síl·laba sagrada 'Om' i medita sense que ningú li ho digui.

La tornada dels racionalistes

Després de l'adveniment del Devi bhava els racionalistes s'havien tornat encara més arrogants i agressius. Utilitzaven els mitjans de comunicació per intentar convèncer la gent que Amma estava boja i que el Bhava Darxan era un frau. Però com més grans eren els seus esforços per difamar la Mare, més grans eren també els seus fracassos. La seva persistència era realment extraordinària!

Una nit, els incrèduls van intentar una altra vegada dur a terme el seu vell pla, fins aleshores ineficaç, que consistia a capturar Amma per la força durant el darxan, humiliar-la i ridiculitzar el poder diví. Dos membres del grup, els més fatxendes de tots, van presentar-se ebris i amb ganes de provocar escàndol al temple. Es col·locaren a la fila dels fidels, com dos devots més.

En aquell moment Amma, ja asseguda per al Devi bhava, va dir a alguns devots que seien prop seu: "Fixeu-vos hi bé, que Amma us ensenyarà ara un joc divertit." Aleshores va mirar els dos borratxos i els va fer un somriure encantador. Es trobaven al llindar del temple i el que anava al davant es va quedar paralitzat i no podia moure's. Es quedà palplantat ben bé un parell de minuts, sense poder fer ni un pas. El seu company, que era just al seu darrere, es va enfadar i li preguntà cridant per què no entrava en el temple. "Que no veus quanta gent que hi ha al meu davant?" –contestà el primer. Però l'altre respongué: "T'has quedat com un estaquirot! Tu també t'has deixat hipnotitzar per aquesta noieta?" L'intercanvi de retrets degenerà en una forta baralla entre els dos esvalotadors, que finalment abandonaren Idamannel, tal com havia previst Amma.

En aquesta època, com ja hem dit anteriorment, alguns devots caps de família solien convidar la Santa Mare a casa seva per dirigir cerimònies i cants devocionals. Així que s'assabentaven que Amma anava a visitar una determinada casa, ells també s'hi afegien. Un capvespre, Amma va visitar una casa al llogarret de Panmana, a uns trenta quilòmetres de Paraiakadavu. Feia temps que els membres d'una família patien malalties físiques i mentals, a les quals no trobaven remei. Havien fet puges per invocar diversos déus i deesses, però sense resultat. En sentir parlar d'Amma, van anar al Bhava darxan i demanaren si els podia ajudar. Compassiva com és, Amma va acceptar d'anar-hi i fer una puja especial per acabar amb els seus mals.

Hi havia, però, alguns membres de la família que s'oposaven al ritual i es van unir als incrèduls per boicotejar la cerimònia. Durant la visita d'Amma, un familiar contrari a la seva presència li va dir, amb to arrogant: "Jo observaré la cerimònia. Ho vigilaré amb molta atenció. Després, ja et faré les preguntes pertinents." Amma li va preguntar: "Aquest 'jo' es refereix només al teu cos? N'ets el mestre?"

Eren les dues de la matinada i Amma preparava totes les coses necessàries per al ritual. La persona que s'havia mostrat arrogant va caure en un estat d'inconsciència com si dormís, per a consol dels membres devots de la família. Just al final de la puja es va despertar i, posant-se dret d'un salt, preguntà: "Oh, ja s'ha acabat la cerimònia? Oh, ja s'ha acabat?"

Amma contestà: "Sí, ja s'ha acabat! Tu has dit que ho observaries tot amb atenció. Ho has fet? Pots entendre, ara, que això que anomenem 'jo' no ho podem controlar? Quan dormies, on era el teu 'jo'?" L'home va empal·lidir i acotà el cap en silenci.

Els incrèduls que eren presents a la cerimònia no es van donar per vençuts i van començar a fer preguntes il·lògiques i fora de to. Com sempre, Ella contestava amable i tranquil·la, però el brahmatxarin[1] que l'acompanyava per ajudar-la a fer la puja ja n'estava fins al capdamunt, d'impertinències, i va dir: "Si us plau, feu alguna cosa perquè callin. Si no, no pararan de molestar-vos."

Havien passat uns minuts quan, de sobte, una bola de foc extraordinàriament brillant s'elevà del cementiri que hi havia a la vora. De l'esfera ígnia emergien raigs de foc que s'entrellligaven com en una dansa. Aleshores va ser Amma qui va fer una pregunta als sorpresos provocadors: "Qui té prou valor per anar fins al cementiri i tornar?" Ningú no va fer ni un pas per acceptar el desafiament. Un instant després aquells homes van fugir com infants espantats.

---

[1] Aspirant espiritual que ha fet vot de celibat.

Un incident semblant es va produir el 1980 a casa de Xrímati Indira de Karunàgapal li, una vila a tres quilòmetres de Vallickavu[2]. Indira era una fervent devota que va convidar Amma a casa seva perquè santifiqués la llar amb la seva presència. Com de costum, els racionalistes també hi van fer cap. En veure'ls, els familiars es van espantar, perquè les seves intencions eren prou conegudes, i van demanar a Amma que dispersés aquella colla de descreguts.

Amma va entrar en meditació profunda. Per a sorpresa general, pocs segons després va aparèixer una esfera resplendent envoltada de llumetes brillants que semblaven petites làmpades. L'esfera va sorgir per la banda nord de la casa i es va dirigir cap al sud, passant per la porta principal. Els devots, plens de temor i respecte, invocaven el nom de la Mare Divina. L'esfera resplendent es va anar elevant a poc a poc, fins que va desaparèixer en la llunyania, no sense abans haver rodejat la bilva sagrada (*aegle marmelos*) plantada al pati que hi havia a la part sud de la casa. Atemorits i espantats, els incrèduls se'n van anar i mai més no van tornar a molestar en les cerimònies conduïdes per Amma. Fins i tot una bona part de la colla es van convertir en devots després d'aquell incident.

Fracàs de la màgia negra

Hi havia un bruixot egoista que vivia prop de la casa d'Indira. Algú li va esmentar que una noia de Paraiakadavu era posseïda per Krixna i per Devi tres nits per setmana. El bruixot, practicant de màgia negra, va esbombar que acabaria ràpidament amb aquella possessió. Fins i tot va dir quin encanteri faria servir. "Agafaré una fulla de cocoter i del nervi principal en faré dos bocins iguals mentre pronunciaré uns mantres molt poderosos, i la presència del Déu i la Deessa dins del seu cos s'esvairà immediatament."

---

[2] Població situada a l'interior, davant mateix d'Idamannel. A vegades Amma rep el nom de Val·lickavu Amma (l'Amma de Val·lickavu).

Amb aquesta intenció va anar un dia a Idamannel. Però per més que ho va intentar, cap dels seus trucs no li va funcionar, i va haver de marxar empassant-se una bona dosi del seu propi ego.

Tanmateix no en va tenir prou i continuà fent conjurs contra Amma. En diverses ocasions li envià cendres preparades amb mantres malèfics, però sempre fallaven. Poc després va perdre el seny i anava pels carrers demanant caritat, repetint sempre: "Doneu-me deu paises. Doneu-me deu paises."

Hi havia un sacerdot que vivia a Arickal, un llogarret en la mateixa península on vivia Amma. A més de ser el sacerdot del temple, també era conegut com a exorcista, particularment eficaç a l'hora d'allunyar mals esperits i éssers subtils que posseïen persones innocents. Diuen que una dona gran, que sentia una forta aversió per Amma, va anar a veure el sacerdot en secret amb la intenció que fes servir el seu poder per causar la ruïna de la Mare i dels Bhaves divins. Per iniciar el conjur, la dona va escriure el nom d'Amma i l'estel del seu naixement en un bocí de paper i el donà al sacerdot.

Aquell mateix dia, una devota va somiar que Amma li deia que havia d'anar l'endemà a un temple determinat per oferir-hi pregàries. L'endemà va anar a veure Amma per explicar-li el seu somni. Amma li va dir que hi anés i que aleshores ja comprendria el significat del que havia somiat.

La devota seguí la recomanació i s'encaminà vers el temple indicat durant el somni. Ella no coneixia el temple en qüestió, però era justament el santuari on el sacerdot que havia estat incitat a fer màgia negra contra Amma dirigia el culte quotidià. Després d'haver fet les seves pregàries, la devota va anar a veure el sacerdot per plantejar-li algunes qüestions. En veure-la, el sacerdot, tot donant-li la benvinguda, s'alçà de la màrfega sobre la qual es trobava assegut i començà a enrotllar el matalàs per preparar-li un seient, mentre li deia: "Vingui, segui. Si us plau, segui." Mentre enrotllava el matalàs, un trosset de paper va caure voleiant als peus de la devota. Ella el va recollir i s'adonà que hi havia escrit el nom d'Amma i l'estel del seu naixement. Immediatament va comprendre la relació entre el paper, el sacerdot exorcista i el somni que havia tingut. Donant-se cops al pit, va dir: "Què heu fet? Heu intentar fer res de mal contra la nostra Mare? Morirem, si ho heu fet!", i arrencà a plorar. El sacerdot la tranquil·litzà dient: "No, no, jo no he fet res. Una velleta va venir ahir aquí i no va parar de dir-me que calia destruir aquest indret. Només perquè em deixés en pau vaig agafar el paper i el vaig desar aquí."

En veure la sinceritat del sacerdot, la dona es va calmar i li va dir: "Si us plau, veniu a veure vós mateix el que passa allà. Llavors comprendreu la veritat." El sacerdot acceptà i assegurà que hi aniria per observar la situació per ell mateix.

I, tal com ho havia promès, va anar a Idamannel un dia de Devi bhava. En córrer la veu de la visita d'aquell infame sacerdot, una gran multitud de creients i no creients es va reunir per presenciar la trobada del bruixot amb Amma. Alguns afirmaven que es tractava d'un gran mag i que acabaria amb totes les coses que passaven allí. Els devots, molt convençuts, ho negaven: "No farà ben res!"

L'exorcista arribà amb una velleta, a la qual va donar un paquet d'arròs batut[3] perquè l'hi guardés mentre entrava al temple. De fet, ja havia decidit convertir-se en devot si Amma li demostrava la seva divinitat. Amma es trobava en Krixna bhava. Li va donar un grapat de cendra sagrada i li va preguntar: "No heu vingut aquí per cantar aquest mantra?", i pronuncià un mantra obscur que només el sacerdot coneixia. L'home va quedar desconcertat. Amma continuà: "No adoreu Hànuman? En aquest cas no hauríeu de repetir fórmules malèfiques amb la mateixa llengua que canta el Seu nom." L'home es quedà sense parla, perquè absolutament

---

[3] Grans d'arròs batuts fins a convertir-se en flocs semblants als de civada.

ningú no sabia que la seva Upàssana Murthi (Deïtat Estimada) era Hànuman. Amma acabava de revelar el secret més gran de la seva vida. Però la cosa no es va acabar aquí: "No heu demanat a una senyora que s'esperés a fora amb un paquet de flocs d'arròs? Kutxela[4] va anar a veure Krixna per oferir-li l'arròs batut. No heu vingut també amb una ofrena d'arròs? Però, una cosa, Kutxela va oferir a Xri Krixna l'arròs de la renúncia i de la veritat. Malgrat que l'arròs era ple de pedres i sorra, el Senyor no les va veure. Només veia la pura devoció i el cor obert de Kutxela. No hi havia ni sorra ni pedres, tot era ambrosia. Per això el Senyor se'l va menjar. Per què heu demanat arròs cru al vostre veí i després d'esclofollar-lo l'heu barrejat amb pedres i sorra per dur-lo aquí?"

El sacerdot no s'ho podia creure. En sentir com la Mare li explicava fil per randa tot el que havia fet abans d'anar-hi, arrencà a plorar. Ple de remordiment, va demanar perdó per totes les seves males accions i, a partir d'aquell dia, es va convertir en un autèntic devot d'Amma.

Noves proeses del comitè de lluita contra les creences cegues

El comitè va començar a organitzar accions encara més perverses contra Amma. Els seus membres intentaren d'influir sobre els càrrecs de la policia i autoritats governamentals perquè prenguessin mesures contra el Bhava darxan. Van promoure diverses investigacions, tant privades com públiques, però el resultat era que molts investigadors acabaven fent-se devots d'Amma!

Un vespre, a l'hora del Devi bhava, uns busca-raons van exigir a una jove que cantava cants devocionals que parés. Ella s'hi va negar en rodó: "Continuaré cantant. Tinc fe en Amma." Aleshores

---

[4] Un devot ardent del Senyor Krixna, la història del qual s'explica al'Xrímad Bhàgavatam

va començar una discussió que va acabar en una baralla entre els devots i els esvalotadors, que s'acabà quan Sugunànandan entrà al temple i els en feu fora.

Poc després que marxessin, Amma va cridar el seu pare i el va advertir: "Han anat a fer una denúncia contra nosaltres. La primera acusada seré jo i vós anireu al darrere. Hauríeu d'avançar-vos i anar a les autoritats a explicar la veritat." Sense fer cas de les seves paraules, el pare assegurà: "No seran capaços de denunciar-nos. La policia no vindrà pas per aquí." Ella tornà a insistir-hi, una vegada i una altra, fins que Sugunànandan va anar a comissaria on es va adonar que la predicció d'Amma era certa i explicà la situació de manera sincera i clara. "Nosaltres no enganyem ningú. És cert que la meva filla manifesta estats divins. Només si vénen vostès mateixos a veure-ho podran entendre el que hi passa. Els devots canten cants devocionals. El prassad[5] que es reparteix consisteix en aigua que prové de la font pública i cendres adquirides a Oatxira. Mai no materialitzem flors caigudes del cel. Totes les flors que s'ofereixen són collides d'arbres i arbusts de la rodalia. No es fa publicitat de les manifestacions divines. La gent ve després de sentir les experiències d'altres devots que han assistit al Bhava darxan. A més, tot es fa a casa meva. És una propietat privada i jo en sóc l'amo. Són els incrèduls els que vénen a casa meva amb ganes de brega i a barallar-se amb mi. Això no és just. Sol·licito que se se'm protegeixi contra aquesta gent."

Els oficials no van tenir res a dir en sentir la declaració de Sugunànandan i veure la sinceritat de les seves paraules, expressades amb tant de convenciment. La falsa denúncia va ser anul·lada. Els incrèduls estaven furiosos i van engegar un nou complot contra Amma per fer-li mal. En aquell temps, després d'haver revelat la seva unitat amb Devi durant el Bhava darxan, Amma sortia a fora del temple i dansava en èxtasi. Una tarda, els incrèduls van

---

[5] Ofrenes sagrades, beneïdes per Déu.

arribar a Idamannel amb un cistell ple de punxes enverinades. Eren tan esmolades i perilloses que amb la punxada d'una sola n'hi havia prou per caure inconscient.

Van repartir les punxes entre un grup de nois del poble perquè les escampessin pel terra allà on Amma tenia el costum de ballar. Calia fer-ho durant el Diparàdhana[6] per tal que l'atenció general estigués centrada en la cerimònia i no en els nois. En sortir del temple, Amma advertí els devots del que havia passat, indicant-los que no es moguessin del lloc on eren. Aleshores, aixecant els braços, va dansar en èxtasi, amb el trident en una mà i l'espasa en l'altra. La seva dansa inspirava un terror sagrat en els fidels, que hi veien Kali personificada, la destructora del mal, ballant al seu davant. Dansava al llarg de la terrassa que hi havia davant del temple, quan de sobte la seva espasa tallà les cordes que aguantaven les imatges de la paret. Els quadres van caure a terra amb gran trencadissa de vidres que es van escampar per tota la terrassa. Sense fer cap cas del perill, Amma va continuar la dansa damunt dels vidres com si fossin pètals de flors.

Aquells qui havien vingut a posar-la en perill es miraven astorats l'espectacle, però encara esperaven que les punxes li fessin sagnar els peus i que caigués a terra d'un moment a l'altre, incapaç de suportar el terrible dolor.

Amma baixà de la terrassa del temple i es dirigí a l'indret on s'havien escampat les punxes. Dibuixà una línia a terra amb la punta de l'espasa i ordenà que ningú no la traspassés. Tot seguit va travessar la ratlla i va ballar força estona damunt les punxes enverinades. Els esvalotadors no s'ho podien creure. Es posaren tan nerviosos davant d'aquell espectacle esglaiador que van fugir precipitadament.

---

[6] Presentació de càmfora encesa davant d'Amma mentre seia al temple com a Devi.

Quan Sugunànandan s'adonà del que estava passant, va començar a córrer amunt i avall com un esperitat, terroritzat de pensar en els peus ferits de la seva filla. Va portar bàlsam per curar-li les ferides, però va tenir la gran sorpresa de no trobar-li ni una esgarrinxada.

Malgrat haver estat testimonis oculars de diversos miracles, els racionalistes no semblaven disposats a renunciar a la seva gelosia i enemistat contra la Mare. Per a la gent del poble i els devots tot aquells fets extraordinaris que esdevenien a l'entorn d'Amma eren causa d'admiració. Però per a Ella, establerta en la Realitat Suprema, tot allò no era res més que jocs d'infants. Quan alguns devots, profundament afectats pels insults constants que els incrèduls llançaven amb perversitat contra la seva estimada Mare, li'n parlaven, Ella responia:

"Fills meus, no hi ha món sense dualitat. Aquestes coses no us han de preocupar. Els devots d'Amma es troben per tot arreu del món i no es deixaran enganyar per accions d'aquesta mena."

Aconsellà als devots i als membres de la seva família que estiguessin tranquils i tinguessin paciència. Van seguir fidelment el seu consell i van suportar en silenci l'horrible conducta dels racionalistes.

En una altra ocasió, alguns dels membres més joves del moviment racionalista van anar a Idamannel amb males intencions. Havien decidit d'escarnir la dansa d'Amma durant el Bhava darxan per fer-ne befa i confondre els devots.

Quan van arribar, el darxan ja havia començat i Amma rebia amorosament els devots un a un. Cridà alguns devots per advertir-los de les intencions del grup de joves. Els demanà que no els fessin cap mal i, després de donar-los algunes instruccions, els va indicar que sortissin. Els devots es quedaren a fora, esperant, preparats pel que pogués passar. Poc després un dels joves començà a ballar intentant d'imitar alguns dels gestos que Amma feia durant els seus estats de manifestació divina.

Els devots que feien guàrdia van envoltar el burleta i li van fer algunes preguntes. Va ser incapaç de contestar-les i, en adonar-se de la gravetat de la seva acció, agafà por. Els seus companys van fugir immediatament i el van deixar sol. Ple de confusió, es va posar a córrer sense saber on anava i va acabar caient al braç de mar! Els devots el van ajudar a sortir de l'aigua. L'advertiren seriosament que no tornés a fer més bestieses i el deixaren seguir el seu camí.

Després d'aquests fets, els incrèduls van posar en marxa el seu pla més audaç i macabre de tots. Van llogar un mercenari perquè matés Amma a ganivetades durant el Bhava darxan. L'home entrà en el temple amb un ganivet dissimulat sota la roba. En veure'l, Amma li va somriure bondadosament i va seguir rebent els devots. Aquell somriure va tenir en ell un estrany efecte balsàmic. En tornar en si, es va adonar del seu error i va caure als peus d'Amma suplicant-li el seu perdó. En sortir del temple, era un altre home. En adonar-se del canvi extraordinari que havia sofert, els seus mals companys li preguntaren si també havia estat hipnotitzat. Ell simplement va somriure i a partir d'aleshores va esdevenir un fidel devot d'Amma.

Durant aquella època, Amma arribà a no poder caminar pel poble sense ser insultada pels busca-raons. Es col·locaven a cada costat del camí i l'escarnien descaradament. Fins i tot incitaven la mainada a fer-ho. De bon matí s'amagaven darrere dels arbres i matolls per llançar-li pedres. Aquella colla d'ignorants no en tenien prou amb turmentar-la a Ella, tota la família es convertí en objecte dels seus atacs. En veure un dels seus familiars, es posaven a cridar: "Que ve en Krixna! Que ve en Krixna!"

A la tarda, si no tenien res més a fer, entraven en el temple i explicaven a la Mare històries falses amb l'esperança de demostrar que tot era un frau. Així, un home hi va anar dient que era cec. Amma aixecà sobtadament el seu dit índex en direcció a un dels seus ulls com si el volgués enfonsar i ell va saltar enrere amb un crit: "Oh!" D'aquesta manera Amma va posar en evidència l'engany del qui havia vingut a fer-ne befa.

Una altra vegada, un jove es va apropar dient que li feia mal un braç. Esperava que Ella se'l cregués i li fes un massatge. En comptes d'això, Amma va demanar a un brahmatxarin que li fregués el braç al noi. Així que el brahmatxarin el va tocar, el noi va sentir un dolor molt agut en el lloc exacte que havia assenyalat i, incapaç d'aguantar la intensitat del dolor, demanà perdó pel seu engany. Tots els qui venien amb la intenció de burlar-se de la Mare quedaven infal·liblement descoberts com a farsants.

"L'enemic d'avui és l'amic de demà."

Sugunànandan ja estava fart dels atacs dels racionalistes. Una nit, durant el Devi bhava, profundament contrariat, s'acostà a la seva filla per dir-li: "Aquesta és la recompensa que Déu ens dóna? La gent em té per assassí del meu propi fill! No puc ni anar al poble sense sentir retrets constantment. És una situació insuportable. Devi hauria de castigar els malvats!"

Amma li va replicar: "Espereu-vos i ja veureu. L'enemic d'avui és l'amic de demà. Per què els hauria de castigar? Els qui ara se us oposen seran els qui demà vindran a demanar-vos la mà de les vostres filles. Consoleu-vos pensant que tot succeeix per voluntat divina. Si un fill vostre se n'ha anat, el dia de demà vindran milers de fills més." Damaianti estava molt afligida per la mort del seu fill. Amma li va dir: "No estigueu trista. En el futur nombrosos fills de tot el món vindran aquí. Estimeu-los com si fossin vostres."

Malgrat consagrar nit i dia a proporcionar consol i ajuda als devots, Amma sempre trobava temps per ajudar i servir els seus familiars quan passaven dificultats. Exteriorment no era més que una noia normal; amb tot, complia perfectament amb milers de devots i també amb els seus pares, sense desviar-se mai del camí de la veritat i la rectitud. La seva actitud cap a la família i la manera com se n'ocupava eren una font d'inspiració per als devots caps de família. La Mare era un exemple impecable de com es pot ser espiritual i alhora complir amb el deure vers la família mantenint-se pur i sense aferrament.

Tot i que tenia un negoci de venda de peix, Sugunànandan no es guanyava gaire bé la vida. Quan el Bhava darxan va començar a reunir molta gent d'arreu del país a casa seva, va plegar. D'altra banda, tampoc no podia centrar-se en la seva feina a causa de l'oposició dels veïns del seu poble i altres problemes relacionats amb el Bhava darxan. Aleshores es va veure obligat a restar sempre a Idamannel. D'altra banda, encara tenia tres filles per casar, si bé això no semblava preocupar-lo gaire. Els nois anaven tots a estudi. A més, de tant en tant hi havia algun familiar malalt que necessitava atenció mèdica.

A principis del 1979, potser per tots aquests fets i les tensions que causaven, Sugunànandan va haver de ser operat. L'hospital on el van ingressar era a Kol·lam, a trenta-cinc quilòmetres al sud de Val·lickavu. No hi havia ningú disponible per col·laborar en les feines de la casa ni per tenir cura de Sugunànandan a l'hospital. Tots els parents estaven en contra de la família. Kasturi treballava molt lluny. Damaianti jeia al llit amb reuma. I els xicots, o bé eren massa joves o bé anaven a escola. Així que tota la càrrega va anar a parar damunt d'Amma.

Els dies de darxan, els devots començaven a arribar a la una del migdia. A les quatre, Amma seia per cantar cants devocionals i enllaçava amb el Bhava darxan, que a vegades s'allargava fins a les vuit o les nou de la matinada següent. No s'aixecava fins que havia rebut a tothom. A més, donava instruccions espirituals a tots els aspirants que venien a cercar la seva orientació. En acabar el darxan, s'ocupava de la casa, com havia fet durant tants d'anys, i tenia cura dels més menuts fins que els enviava a l'escola. Un cop acabada tota la feina, se n'anava a l'hospital de Kol·lam a portar-li al seu pare el dinar i tot el que necessités. Mentre va estar malalt, Ella se'n va ocupar i el va servir amb tot el seu afecte.

Els busca-raons no van perdre l'ocasió. Quan Amma travessava el poble per anar a Kol·lam, se'n burlaven i li llançaven pedres. Cridaven: "Krixna, Krixna." Mentre suportava en silenci aquesta conducta ignorant, pensava: "Si més no, així canten el nom del Senyor." Un dia, un dels brivalls intentà subjectar-la, però en voler saltar sobre Ella, va relliscar i va anar a parar a la rasa de vora el camí.

Sugunànandan va anar recuperant la salut gradualment. Però poc temps després va haver de ser hospitalitzada Damaianti, seguida de Sureix, que també va caure malalt. Durant aquest període era Amma qui tenia cura de la casa i visitava els familiars a l'hospital.

El caos i la confusió dominaven l'ambient familiar. Amma era el pal de paller que sostenia tota la família amb calma i compassió. Imaginem-ho: el pregon sofriment pel suïcidi de Súbhagan, el buit que els feia la resta dels familiars, l'hostilitat dels racionalistes, l'arribada constant de milers de devots per al Bhava darxan i tres filles casadores. No és sorprenent que no hi hagués ningú frisant per casar-se amb les filles d'aquesta família. Si apareixia un pretendent d'algun poble allunyat, abans no arribava a Idamannel sempre hi havia veïns que el posaven al corrent de la situació, i de seguida abandonava el seu propòsit. I en van ser uns quants que se'n van anar més de pressa que corrents. Un dia, Sugunànandan s'acostà a Amma per dir-li: "A causa del Bhava darxan he perdut el meu honor. Ja no puc ni treure el nas fora d'Idamannel. La gent del poble i els familiars m'odien i les meves filles no es poden casar. Què haig de fer?"

Amma li respongué: "No és pas el Bhava darxan la causa de la vostra mala sort. Tot es deu a un pla diví. Cada cosa al seu temps, no cal que us preocupeu." Però aquesta resposta ja no li va servir de consol a Sugunànandan, que cridà: "Prendré verí i em moriré!" En sentir això, la Mare es va girar cap a la imatge de Devi i preguntà amb llàgrimes als ulls: "Oh Mare Compassiva, només haig de causar dolor a aquesta gent?"

No van ser poques les vegades que Amma volgué anar-se'n d'Idamannel, fins i tot havia fet els preparatius per marxar. Però cada vegada alguna cosa ho impedia misteriosament.

Sugunànandan tornà a confiar-li les seves preocupacions, i Amma li va dir: "No us preocupeu. Les vostres filles es casaran aviat."

Al cap d'un mes les seves paraules es van fer realitat. Una proposta de matrimoni arribà de part de la família més inesperada, una que abans s'havia oposat amb radicalitat a Amma. El pretendent havia estat un cap de colla del moviment racionalista. Ironies de la vida, ara que el matrimoni s'havia concertat, Sugunànandan s'hi va girar d'esquena i no en va voler saber res. Tota la responsabilitat del casament va recaure damunt d'Amma. Establerta com estava en un estat de perfecta equanimitat, res no semblava poder pertorbar la seva iniciativa i la seva eficiència. La cerimònia va ser tot un èxit, malgrat el paper de Sugunànandan, que es va quedar al marge, com un simple observador.

Les paraules de la Mare "L'enemic d'avui serà l'amic de demà" van demostrar ser certes i el mateix es va repetir amb els casaments de les altres filles.

Hi ha un proverbi en malaiàlam que diu: "El llessamí que creix davant de casa teva no fa olor." Això vol dir que si alguna persona arriba a ser important i famosa, no serà mai reconeguda per la seva pròpia comunitat. Són moltes les grans ànimes que han experimentat la veritat d'aquest adagi en la seva pròpia pell. Amma acostumava a dir:

"Imagineu-vos una persona que escolta una bonica cançó a la ràdio i està gaudint de la seva melodia. En aquell moment arriba un amic que li diu: 'Saps qui canta aquesta cançó? El nostre veí Xankar.' Immediatament el qui escoltava la ràdio l'apaga, tot dient: 'Quin cantant més horrible! No es pot aguantar!' Fills meus, aquesta és l'actitud de la gent. Els resulta molt difícil reconèixer el valor d'una persona que han conegut i tractat tota la vida."

Era exactament el cas d'Amma.

Les circumstàncies que la van rodejar no van ser gens fàcils. Aquella jove d'un poble de pescadors no va trobar suport per part de ningú. Els devots que venien de diferents parts del país no podien fer res contra la ignorància i la incultura dels habitants del poblet que la turmentaven. Per altra banda, la majoria de devots pensava que Amma era posseïda per Krixna i Devi durant el Bhava barxan. No acabaven de copsar la profunditat i plenitud de la seva Realització Divina.

A més, en aquells anys, la majoria de devots venien per motius materials més que no pas de creixement espiritual. Si els seus desigs es realitzaven, tornaven per demanar la realització d'un altre desig. En cas contrari, no venien mai més i allà s'acabava la seva devoció per la Mare. Amma no tenia res, ni un bocí de terra en propietat, ni uns cèntims de què disposar. Els seus parents li eren contraris i s'oposaven a les seves pràctiques. Els seus familiars també estaven en contra de la seva voluntat i del seu desig i mai no la van ajudar ni encoratjar en absolut.

Una vegada, uns devots van preguntar-li sobre les dures proves que va haver de passar durant i després dels dies de sàdhana. Volien saber com podrien arribar a la seva pròpia Realització si havien de travessar tant de patiment, que no es veien capaços de suportar. Amma els va respondre que la seva pròpia vida era una demostració que és possible realitzar Déu fins i tot en les pitjors circumstàncies.

Serà de gran interès per als lectors conèixer com la Santa Mare va fundar un àixram enmig d'aquella tempesta. D'això tractarà el capítol següent.

CAPÍTOL 10

La Mare de la Felicitat Eterna

"Sigueu sempre conscients que Amma és omnipresent. Tingueu la fe que el seu Ésser i el vostre són un. Fills meus, la mare que us va portar al món tindrà cura de vosaltres en tots els aspectes de la vida terrenal, si bé avui en dia fins i tot això esdevé estrany. Però l'objectiu d'Amma és guiar-vos de tal manera que pugueu gaudir de la benaurança en totes les vostres vides futures."

Mata Amritanandamayi

trailōkya sphuta vaktāro
devādyasura pannagāha
guruvaktra sthitā vidyā
gurubhaktyā tu labhyatye

*"La saviesa del Guru ni els déus dels móns superiors
no poden ensenyar-nos-la.
El coneixement del Guru es desperta
en qui el serveix amb l'amor més pur.*

Guru Gita, versicle 22

Un grup de joves

*"Fills meus, la frescor de l'oreig, els raigs de la
lluna, la immensitat de l'espai i el món sencer
tot és impregnat de consciència divina. Conèixer
aquesta veritat i fer-ne l'experiència és l'objectiu
del naixement humà. En aquesta època fosca,
un grup de joves, renunciant a tot, escamparan
la llum espiritual arreu del món."*

Mata Amritanandamayi

Era l'any 1976 quan un jove de vint anys, anomenat Unni Krixnan, del poble d'Alappad, va venir per conèixer Amma. Més aviat semblava un rodamón, ja que, si bé tenia casa i família, gairebé mai els anava a veure. Després de la trobada amb Amma, va néixer en ell un fort anhel de dur una vida espiritual. Responent al seu desig, Amma li encarregà, al cap d'un any, de conduir el culte diari en el temple i li va permetre de viure en presència seva a Idammanel. Passava els dies en el petit temple oficiant les cerimònies quotidianes i recitant la Xri Làlita Sahasranàmam[1], tal com Amma l'havia instruït. També duia a terme altres pràctiques espirituals, llegia les escriptures i escrivia poesia devocional. A la nit, dormia a la terrassa del temple damunt d'una senzilla tovallola que li feia de jaç. Era tan tranquil i silenciós que els visitants ni s'adonaven de la seva presència. Així va ser com es va convertir en el primer resident del futur àixram.

A finals de 1978, el nucli inicial va consolidar-se quan un grup de joves amb bona formació, renunciant a la seva llar i família en el món, van refugiar-se als peus d'Amma. El seu únic objectiu era realitzar Déu i servir la humanitat. Atrets per la magnètica personalitat i l'amor incondicional d'Amma, aspiraven a dur una vida divina, fossin quins fossin els obstacles. La majoria eren de Haripad[2] i provenien de famílies riques. Després de conèixer Amma van quedar fermament convençuts que el camí que els mostrava la Mare era la meta suprema a què aspiraven en les seves vides.

En un mes, Xrikumar, Rameix Rao, Venugopal, Ramakrixnan i Balagopalan (Balu)[3] es prostraren davant d'Amma i li demanaren humilment de ser guiats vers la meta escollida. Però Sugunànandan els va dissuadir de quedar-se a viure permanentment prop d'Amma, perquè les seves altres filles estaven encara sense casar. Aquests joves aspirants estudiaven a la universitat o treballaven, excepte Balu, que havia just acabat els estudis. Venien

---

[1] Mantra sagrat compost pels mil noms de la Mare Divina.

[2] Població situada a 20 quilòmetres al nord de Val·lickavu.

[3] Coneguts ara, respectivament, com a Purnamritananda, Suami Amritatmananda, Suami Pranavamritananda, Suami Ramakrixnananda i Amritasuarupananda Puri, després d'haver estat iniciats com a sanniassins per Amma.

gairebé cada dia a veure Amma, sense deixar de complir amb les seves responsabilitats fora de l'àixram.

La sobtada conversió d'aquests joves cercadors de Déu els ocasionà, en la major part dels casos, seriosos problemes amb les famílies i amb els amics. Els pares consideraven Amma com una fetillera que havia hipnotitzat els seus fills amb poders màgics. Els racionalistes, sempre a punt de cercar brega contra la Mare, van intervenir de seguida i van començar a enviar a la premsa històries sensacionalistes que s'inventaven per provocar en l'opinió pública una reacció contra Amma.

Els joves buscadors i els devots començaren a amoïnar-se per la publicació de falses històries als diaris. La reacció d'Amma, quan se'n va assabentar, va ser posar-se a riure i els va dir:

"Nosaltres no som pas ni les lletres ni les paraules impreses en aquests trossos de paper. Seguiu fent les vostres pràctiques espirituals sense perdre el temps en aquestes coses. Tots els qui avui s'oposen demà seran devots."

Aquesta afirmació es va fer realitat amb el pas del temps.

El novembre d'aquell mateix any, un jove estudiant va arribar a Idamannel per conèixer la santa Mare. Des de la primera visita es va produir en ell una gran transformació. A partir d'aleshores, visitava Amma sempre que podia. Mogut per l'anhel de renúncia a la vida mundana, demanà consell per saber on podia fer les pràctiques espirituals, donat que Sugunànandan, en aquells temps, tenia per costum fer fora qualsevol jove que volgués quedar-se en presència permanent d'Amma. I una tarda va haver d'entomar l'amonestació de Sugunànandan, que li va ordenar d'abandonar Idamannel. Amb el cor adolorit, demanà a Amma que li suggerís un lloc adequat per seguir les seves pràctiques. Ella li va dir que anés a Tiruvànnamalai, on havia viscut el gran savi Ramana Maharxi, i que observés vot de silenci durant quaranta-un dia.

Abans d'anar-se'n, el noi li va preguntar: "Amma, si Sugunà-
nandan continua amb aquesta actitud vers els devots, com podrà
aquest indret convertir-se en un àixram? No és gaire amable ni
amb tu, ni amb tots aquells devots que volen estar al teu costat.
Mare, quantes dificultats has d'afrontar! Se'm fa insuportable
veure els teus sofriments! No hi ha ningú que tingui cura de tu i
atengui les teves necessitats?" Amma el consolà, dient:

"No et preocupis. Tot se solucionarà quan tornis de Tiru-
vànnamalai. Allà hi ha persones que s'ocuparan de la Mare i del
futur àixram, fills meus d'altres països que esperen ansiosament
veure'm. Arribarà un dia en què Sugunànandan t'acollirà amb
tot l'amor i afecte."

Aleshores el jove li va demanar un rellotge, per poder seguir
puntualment les seves pràctiques quotidianes, i un rosari de grans
de rudrakxa[4] per repetir el mantra. Ella li contestà: "No li demanis
aquestes coses a Amma, ni tan sols hi pensis. Un veritable buscador
espiritual no ha de moure's del seu seient. Tot el que necessiti li serà
donat. Observa l'aranya o la serp pitó. Mai no surten a buscar la
seva presa. L'aranya roman a l'aguait a la teranyina, i els insectes
van venint i hi queden atrapats. El deure de Déu és tenir cura
de totes les necessitats dels devots. Dedica-ho tot al Senyor, ves a
Arunàtxala[5] i tot el que et calgui ja t'arribarà."

Agombolant la imatge d'Amma en el seu cor i amb el record
del seu amor sense límits, el jove se'n va anar a Tiruvànnamalai
amb els diners que li havia donat un amic seu. En arribar a l'estatge
del senyor Xiva, va passar uns dies en una gruta de la muntanya
sagrada d'Arunàtxala. Els dos primers dies només s'alimentà
de fulles i aigua. A la tarda del tercer dia defallí d'inanició, tot

---

[4] Llavor de color marron fosc, coneguda pels seus beneficis tant físics com
espirituals.

[5] Muntanya sagrada de Tiruvànnamalai, considerada com la primera encarnació
de Xiva a la terra.

exclamant "Amma!". En una carta que li va escriure a Amma li deia: "Eren vora les cinc de la tarda quan em vaig desmaiar de gana. Jeia estirat al terra de la muntanya en un estat semiconscient, quan vaig sentir clarament la veu d'Amma que deia "Fill meu!", alhora que algú m'eixugava amorosament el front. Vaig obrir els ulls i Ella era al meu davant, amb el seu vestit blanc. Aquesta visió em va colpir profundament!"

Quan Amma va rebre aquesta carta, els devots van recordar que a la mateixa hora, a Val·lickavu, ella havia exclamat, de sobte: "Fill meu!", i girant-se cap a un devot que seia vora seu, va dir: "El meu fill que és a Tiruvànnamalai fa tres dies que passa gana i ara plora per veure'm." Després d'aquest incident, el jove mai més no va tenir dificultats per trobar aliments amb regularitat.

Mancat d'un lloc adient per dur a terme les seves pràctiques espirituals, el jove passava els dies a la muntanya i de nits dormia al peu del turó. Un dia, en baixar, la primera persona que es va trobar va ser una dona australiana anomenada Gàiatri. Un parell de dies més endavant va conèixer Madhusúdhana[6], nascut a l'Illa de la Reunió, però descendent d'emigrants de l'Índia. Tots tres es van sentir de seguida units per un corrent d'amor. El jove va recordar les paraules de la Mare i va tenir l'evidència que els dos coneguts eren també fills d'Amma. Aleshores els parlà d'ella i els va ensenyar una petita fotografia. Gàiatri es va sentir immediatament fascinada per la bellesa d'aquell rostre i la mirada irradiant de la Mare a la foto.

Malgrat que Gàiatri s'esforçava per meditar regularment, no estava satisfeta del seu progrés. Va ser després de veure la fotografia d'Amma i sentir parlar del seu amor desinteressat i de la seva compassió que Gàiatri va viure la seva primera experiència espiritual. Segons les seves pròpies paraules: "Vaig veure un esclat de llum en el meu interior i dins d'aquesta llum vaig percebre la forma

---

[6] Ara Prematma Txaitània.

de la Mare. De sobte, del més pregon de mi mateixa va brollar un crit: "Amma! Amma! Amma!", tots els meus pensaments es van esvair i el meu esperit quedà immers en una gran quietud. Quan vaig obrir els ulls i vaig mirar quina hora era, vaig veure que havien passat vint minuts sense que m'adonés de res."

Madhu, amb el desig de compartir la joia que havia experimentat en sentir parlar d'Amma, en va parlar a un devot americà, de nom Nilu, d'un fort tarannà contemplatiu. El seu mestre espiritual, deixeble directe de Xri Ramana Maharxi, havia mort feia quatre anys. Nilu[7] havia viscut a Tiruvànnamalai els onze darrers anys servint el seu mestre. En aquests moments es passava molt de temps al llit amb problemes d'estómac i mal d'esquena. Gairebé no podia seure ni caminar i els metges no trobaven ni l'origen del mal ni el remei. En saber que el jove no trobava lloc per meditar, Nilu li va oferir la cabana on havia viscut el seu mestre quan era viu. El jove li va parlar d'Amma, però Nilu al principi no en va fer gaire cas. Havia conegut nombrosos sants i ara només desitjava posar-se bo per poder continuar la seva sàdhana. Amb aquesta idea al cap, li demanà al jove sàdhak (aspirant espiritual) que el portés a conèixer Amma quan hagués acabat el seu vot de silenci. I li va donar un rellotge i un mala de rudrakxa, pensant que aquests objectes li serien útils durant la seva pràctica espiritual. El jove va recordar les paraules de la santa Mare, quan li va dir que tot el que necessités li arribaria sense demanar-ho. Profundament emocionat, va iniciar el seu vot de silenci ple d'entusiasme.

Un dia, mentre caminava al voltant d'Arunàtxala, va veure un occidental cantant versets en tamil i acompanyat d'un grup de persones que també caminaven al voltant de la muntanya. Era el dia que se celebrava el natalici de Xri Ramana. El mirà de reüll i l'home li tornà la mirada, però amb un cert orgull. El jove sàdhak va pensar: "Malgrat el seu orgull, també sembla un fill d'Amma".

---

[7] Ara Suami Paramatmananda Puri.

Aquest home era un devot francès, de nom Ganga, que més tard es va quedar a viure amb la santa Mare.

Després de quaranta-un dies de silenci, el jove tornà a Val·lickavu acompanyat de Nilu. La primera trobada de Nilu amb Amma va ser altament significativa[8]. Tal com ell ho explica: "Durant els quatre primers dies de la meva estada a Val·lickavu em sentia en un tal estat de beatitud en presència d'Amma, que tenia la sensació de trobar-me al cel. Una nit, al final del Devi bhava, Ella era a la porta del temple i jo la contemplava de fora estant amb les mans juntes i ple de joia. En aquell moment, vaig veure desaparèixer la seva forma física, convertida en una intensa lluminositat que s'expandia per tot arreu i embolcallava totes les coses visibles. De sobte, aquella resplendor es va concentrar en un petit punt fulgurant, gairebé insuportable de tan intens, i tot seguit vaig sentir com si aquella llum penetrés dins meu. Durant tres dies la intensitat d'aquella vivència em va mantenir tothora despert i ple d'una profunda joia. Després d'això, només podia pensar en Amma, nit i dia. Vaig prendre la determinació de viure al seu costat la resta de la meva vida perquè em guiés i per servir-la."

Nilu anà a Tiruvànnamalai amb el jove per enllestir els seus assumptes i després van tornar tots dos a Val·lickavu, acompanyats de Gàiatri, que es delia per servir la santa Mare. Sorprenentment, Sugunànandan els va rebre amb els braços oberts, com si fossin fills seus. Per primera vegada en tres anys Nilu va sentir una millora en la seva malaltia i, fins i tot, podia fer petites feines.

Quan Nilu va tornar de Tiruvànnamalai, va expressar a Amma el seu desig: "Voldria quedar-me aquí. Voldria restar tota la meva vida aquí i ser el teu humil servidor." Ella li va contestar: "Fill

---

[8] La trobada està descrita amb detall en el llibre de Nilu "On the Road to Freedom", Suami Paramatmananda, M.A. Mission Trust, Índia.

meu, jo no tinc ni un pam de terra que em pertanyi. Demana-li permís al meu pare. De tota manera, ens caldrà un lloc per viure."

La sorpresa va ser general quan Sugunànandan va oferir-los una petita parcel·la de terreny. Allà Nilu va poder construir amb fulles de palmera una cabaneta de tres metres d'amplada per cinc de llargada. En un raconet hi van col·locar un fogó per fer el te d'Amma, mentre que els menjars quotidians continuaven fent-se a la casa principal. La cabana servia de refugi per a Amma, Nilu, Balu i Gàiatri. Així va ser com va començar l'àixram.

Balu, després de la seva primera trobada amb Amma, va marxar de casa seva i gairebé sempre era al costat de la Mare. Havia tingut la sort d'aconseguir el permís de Sugunànandan per quedar-se a viure a Idamannel. D'aquesta manera, quan Nilu va venir de Tiruvànnamalai per instal·lar-se a viure vora d'Amma, Balu també va fixar allí la seva residència.

Després de l'arribada de Nilu i Gàiatri, Ganga i Madhu també van venir a instal·lar-se als peus de la santa Mare. Li van oferir els seus béns materials, amb tota devoció, però ella els va rebutjar, tot dient-los: "Si aconseguiu un caràcter pur i la perfecció espiritual, aquesta serà la meva riquesa. Aquells que realitzen l'Essència divina en el seu interior, la perceben a tot arreu i el món sencer els pertany."

Una nit, un veí va despertar Ganga per demanar-li una llanterna: la seva filla tenia un atac d'asma i calia dur-la ràpidament a l'hospital enmig de la foscor nocturna. Unes hores més tard, l'home tornà per portar-li la llanterna. L'endemà al matí, Ganga va explicar l'incident a Amma, tot comentant que havia sentit ganes d'esberlar-li el cap per haver-li trencat el son.

Ella el renyà, dient-li: "Quina mena d'aspirant ets tu? Què has guanyat portant una vida espiritual durant tots aquests anys abans de venir aquí? És aquest el fruit? Si ets un seguidor de la Via del Coneixement, com sembla que penses ser, hauries de veure-ho tot com el teu propi Ésser. Si és així, com pots enfadar-te amb aquest home? Si et claves una punxa esmolada al peu, et farà mal i no pararàs fins a treure-te-la, oi? Doncs imagina't l'angoixa d'aquest home per alleugerir el sofriment de la seva filla. Hauries de sentir el dolor i el sofriment de tots els éssers vius com si fos teu. Només aleshores el teu esperit es podrà expandir i esdevenir obert a tothom. Per això, cal que el teu esperit es torni innocent com el d'un infant, i això només és possible a través d'una devoció pura envers Déu."

Ganga contestà en to burleta: "Intel·lectualment, la devoció no és gens gratificant. Seguir el camí de la devoció implica certa debilitat. Quin sentit tenen totes aquestes manifestacions emotives de plors i cants? Jo no ho puc fer, això. Xri Ramana mai no va recomanar la Via de la Devoció. Només recomanava la Via del Coneixement als seus devots i jo el prefereixo, perquè apel·la a l'intel·lecte. És més convincent." Aquesta era la idea equivocada que tenia Ganga de la devoció quan va conèixer Amma.

La Mare contestà, somrient: "Acabo de veure el resultat de la teva pràctica de la Via del Coneixement. Si aquest és el resultat, no et molestis més a seguir una vida de sacrificis i renúncies i gaudeix dels plaers dels sentits! Has llegit els escrits de Xri Ramana o la seva biografia? Si no ho has fet, fes-ho, si us plau, i t'adonaràs que moltes de les seves obres són plenes de devoció. De fet, ell mateix és una encarnació de la devoció al senyor Arunàtxala. Només de sentir pronunciar el seu nom li venien llàgrimes als ulls. La devoció no ha estat mai un signe de debilitat mental com sembla que penses. Al contrari, és l'estat més alt que un ésser humà pot aconseguir. Significa percebre Déu en tots els éssers. És l'amor pur d'una existència sense egoisme. Fill meu, hauries de cultivar l'amor en el teu interior."

Ganga se'n tornà a Tiruvànnamalai sense haver estat gaire convençut per les paraules de la Mare. Amb gran sorpresa per part seva, va trobar una obra de Xri Ramana que parlava de la devoció. Recordant les paraules d'Amma, es va sentir inundat per un gran sentiment d'amor i es posà a plorar. Suplicà a Amma que el tornés a cridar a la seva Divina Presència. En aquell moment, Amma, coneixedora del seu estat d'esperit, li va escriure una carta convidant-lo a tornar. Aleshores va percebre la grandesa d'Amma i es va rendir als seus peus humilment.

Abans de venir a viure amb Amma, Madhu havia conegut molts sants, però quan la va veure a Ella, per primera vegada va sentir que s'havia acabat la seva recerca. S'hi va lliurar amb cos i ànima i va iniciar la tasca de reunir tots els comentaris coneguts sobre el Xrímad Bhàgavad Guita i traduir-los al francès per al benefici espiritual dels devots francòfons. Inspirat per Amma, va propagar les seves ensenyances espirituals a l'Illa de la Reunió, on va construir un magnífic àixram dedicat a Amma. Beneït per ella, ha estat un instrument per conduir molta gent pel camí espiritual.

En aquells temps Amma passava moltes nits al ras i per aquest motiu tothom preferia dormir a l'exterior sobre la sorra, al recer dels cocoters. Fins i tot les nits que anava a dormir a la cabana, a mitja nit acostumava a sortir i s'ajeia directament sobre el terra. Era un fet ben conegut que Amma menjava i dormia poc i sempre estava a punt per atendre tothom amb generositat. Fins i tot després de passar, tres cops per setmana, tota la nit asseguda rebent devots, sempre tenia temps per atendre'ls durant el dia i instruir els aspirants espirituals que li demanaven consell.

Al principi, Nilu i Gàiatri van tenir molts problemes amb la llengua. Sempre buscaven l'ajuda de Balu per parlar amb la Mare, però de mica en mica van anar entenent el malaiàlam, la llengua d'Amma. Durant aquesta època, Balu va tenir la gran sort de servir Amma, ja que no hi havia ningú més que s'ocupés de les seves necessitats.

Un bon dia, Sugunànandan comentà amb rudesa que estava fart d'alimentar "saippus" (estrangers). Aleshores Gàiatri va començar a fer el menjar a la cabana per a Amma, Nilu, Balu i ella mateixa. Amma no menjava gairebé res. A vegades, per la insistència de Nilu i Balu, feia un mos, perquè no fos dit.

Un dia, Nilu va insistir tant perquè mengés que finalment Amma li va dir: "D'acord, porta'm alguna cosa". Ràpidament li va portar un plat ple de menjar i, per estrany que sembli, ella s'ho va menjar tot en un obrir i tancar d'ulls. Nilu tornà a dur un altre plat i ella també se'l va menjar en un tres i no res. Després se'l mirava sense moure's del seu lloc, com esperant-ne més. N'hi va portar més i també va ser engolit. La Mare es menjava tot el que li duien i semblava no acabar mai la fam. Nilu i els altres es miraven astorats. Van anar a buscar més menjar a una paradeta veïna on feien te i també s'ho empassà tot. Nilu estava exhaust i pàl·lid. Mai més no va insistir perquè Amma mengés.

Durant aquella època van tornar a sorgir conflictes familiars. Només havien passat dos mesos del casament de Sugunamma quan Sugunànandan arreglà a corre-cuita el casament de les altres dues filles. Sense el consentiment de ningú, va fixar la data del casament de la filla gran, Kasturi. Fins i tot la Mare va ser informada només després que Sugunànandan hagués donat el beneplàcit a la família del pretendent.

El problema era com celebrar la cerimònia sense diners. Sugunànandan no tenia ingressos i en el temple de diners no n'hi havia. El pare, com acostumava a fer, se'n va desentendre. La Mare no s'immutava. Balu, en canvi, se sentia trist davant d'aquella situació i li va preguntar: "Mare, què farem? Com es podrà celebrar el casament?" Nilu va dir: "Mare, et donaré tot el que tinc, perquè un deixeble té el deure d'assumir les responsa-bilitats del seu Guru. No tinc res que pugui anomenar meu, tot és de la Mare. Així que et prego que organitzis el casament de Kasturi amb els diners de què disposo."

La Mare va respondre: "Després del casament les noies portaran una vida mundana. La riquesa que tu tens està destinada a l'espiritualitat i només s'ha d'emprar per objectius elevats. Si es dóna a gent mundada, aquesta gent caurà en el pecat i això també ens afectarà a nosaltres. Si Déu ha fet que el pare hagi fixat el casament, deixa que sigui Deu qui guïï. Nosaltres no ens n'hem d'ocupar. Sugunànandan no s'hi amoïna pas gaire, per què ens hauríem de preocupar nosaltres? Fills meus, no ens deixem pertorbar per aquest assumpte."

Si bé Sugunànandan havia corregut a fixar el casament, arribat el moment d'entrar en els detalls importants, com el de les finances, se'n va desentendre. La Mare començà a organitzar tot el necessari sense dir ni mot. En veure-ho, Balu, amb el cor trist, li va dir: "Aniré a casa a buscar la part d'herència que em correspon", però Amma s'hi oposà categòricament. Aleshores Balu va escriure a alguns dels devots més propers per demanar-los ajuda financera. Quan la Mare se n'assabentà, el va renyar, dient: "Fill, mirem de portar aquesta situació amb calma. No ens hem de preocupar per res."

Finalment, tot estava a punt, excepte un detall: les cinc mil rupies absolutament necessàries per cobrir les despeses del casament. Pocs dies després arribà un xec de cinc mil rupies, enviat per un donant anònim de Madràs que feia poc que havia sentit a parlar de la santa Mare. I així, a mitjans de setembre de 1980, es va celebrar el casament de Kasturi.

Amb prou feines havien passat tres mesos quan Sugunànandan va fixar el casament de Sajani. Fet això, tornà a desentendre-se'n, deixant en mans d'Amma la part difícil: la responsabilitat de recollir els diners necessaris per cobrir el dot, pagar la cerimònia nupcial i encarregar els ornaments d'or de la núvia.

Balu, aquesta vegada, ja no se sentia trist, se sentia furiós! La Mare també estava enutjada per la falta de discerniment del seu pare, però, tot i molesta, s'encarregà de tot amb eficàcia, sense immutar-se. La família del nuvi demanava més joies d'or i, com sempre, continuava essent un problema d'on treure els diners. Amma no permetia gastar ni un cèntim del que estava destinat a objectius espirituals i tampoc no acceptava que es demanessin diners en préstec. D'on més es podien treure?

En aquell moment, Kasturi va decidir abandonar la casa del seu marit, degut a algunes desavinences, i tornar a Idamannel. En sentir que es necessitava més or, va proposar: "Escolteu, de moment, podeu agafar les meves joies per fer el casament de Sajani, ja me les tornareu més tard." Ara ja ho tenien tot, excepte un collaret i un anell. Només faltaven dos dies per al casament i aquests dos objectes encara faltaven. Però Amma continuava tranquil·la i immutable com sempre. L'endemà al matí, Gàiatri, en escombrar el temple després del Devi bhava, va veure un paquetet entre les ofrenes. Quina no va ser la seva sorpresa en obrir-lo, quan hi va trobar un collaret i un anell que s'ajustaven exactament a la descripció del que es necessitava per a la cerimònia! Fins i tot l'estil dels ornaments era igual al d'aquells que s'havien seleccionat un mes abans! Quina altra prova calia per mostrar que la voluntat divina ho disposa tot?

No obstant això, no es van acabar aquí les dificultats d'aquest darrer casament. Alguns dels devots de la rodalia es mostraren en desacord amb la decisió de Sugunànandan. Per què havia arranjat el casament amb gent que abans havien estat els seus enemics? Que no li semblaven prou bons els fills dels devots o dels qui sempre li havien estat fidels? També s'hi giraren en contra alguns joves que havien estat amics de Súbhagan i que haurien volgut casar-se amb les filles de Sugunànandan. Així, quan els enemics es convertien en parents, els amics es convertien en enemics. Es barallaren amb

Sugunànandan i van conspirar per crear obstacles al matrimoni de Sajani. Amb l'esperança de fer anul·lar el casament, feren córrer històries escandaloses i les van fer arribar al nuvi mateix. De manera que fins el dia abans del casament no estava gens clar si aquest tindria lloc o no.

El dia de la boda, Amma es va endur els brahmatxaris a casa d'un veí, com havia fet en el cas dels dos casaments anteriors, per evitar que assistissin a aquella mena de cerimònies. Amma ho explicava així:

"Un aspirant no hauria de prendre part en cerimònies de casament o en funerals. En les bodes, perquè tothom pensa en el matrimoni, que és una servitud; i en el funerals, perquè el sofriment està causat per la pèrdua d'un ésser mortal. En ambdós casos, els participants es concentren en fets efímers. Les ondes d'aquests pensaments són perjudicials per a un aspirant. Les vibracions mundanes penetren en el subconscient i el buscador s'inquieta per coses irreals."

Així, amb el casament de les tres filles de Sugunànandan, desapareixia l'impediment principal perquè els brahmatxaris residissin en presència d'Amma. A més, els incrèduls i racionalistes, acceptant la seva derrota, es van anar retirant l'un darrere l'altre. Alguns d'entre ells van entendre que les seves accions irracionals no tenien sentit i deixaren l'organització definitivament. Els que hi quedaven començaren a barallar-se entre ells, fins que el "Comitè Contra les Creences Cegues" es va dissoldre. Aquells que havien lluitat contra la veritat i la rectitud es van convertir en instruments de la seva pròpia destrucció. Aquests fets marcaren l'inici d'una nova etapa en la missió d'Amma per ajudar i alleujar la humanitat sofrent.

L'actitud d'Amma davant de les proves i tribulacions que va haver de sofrir per causa dels seus parents i dels incrèduls al llarg d'anys és absolutament única. Un dia ho comentà:

"Van ser les seves concepcions errònies les que els van dur a parlar i actuar de la manera en què ho van fer, i també perquè no eren capaços de valorar el significat i la importància de la vida espiritual. Aleshores per què ens hauríem d'enfadar amb ells, o per què els hauríem de deixar d'estimar? Hauria estat ignorància per part nostra actuar així, i els nostres esperits n'haurien resultat contaminats. Mireu aquestes roses fresques. Que boniques que són! Quina fragància tan fina que exhalen! Però què els donem perquè creixin? Fulles de te usat i fems de vaca! Quina enorme diferència entre aquestes flors meravelloses i l'adob que els ha estat donat! Vista la seva bellesa i la seva fragància, no els convé aquest abonament? De la mateixa manera, els impediments són el fertilitzant que ens fa més forts espiritualment. Els obstacles ajuden els nostres cors a florir amb plenitud. La naturalesa dels grills és cantar durant la nit, però aquest so no destorba mai el son de ningú. De la mateixa manera, crear problemes forma part de la naturalesa de l'ignorant. Hauríem de pregar Déu perquè els perdoni i guiar-los cap al bon camí. Dediqueu-ho tot a Déu i Ell es cuidarà de vosaltres."

La Mare de la Felicitat Eterna

Ara, gràcies a la relativa pau d'esperit de què gaudia Sugunànandan en haver casat les seves filles, fou possible per a aquell primer grup de brahmatxaris d'establir-se als peus de la Santa Mare. Malgrat la manca de comoditats, l'anhel intens dels brahmatxaris d'estar en presència constant d'Amma feia que no paressin atenció en les mancances d'alimentació, vestit i allotjament. Passaven gairebé tot el temps a l'aire lliure i fins i tot dormien directament damunt del terra, sense ni tan sols una estora. Tot el que rebien arribava sense que ho demanessin. Com que no tenien diners, sempre anaven a tot arreu a peu. Només tenien una muda de roba. Però d'una manera o altra aprengueren a sortir-se'n.

Un dia, un brahmatxari, molest en veure el seu únic vestit vell i brut, es va queixar a Amma de no tenir les necessitats mínimes cobertes. La Mare li va contestar: "Fill meu, no demanis a Déu coses tan insignificants. Abandona't als Seus peus i Ell et donarà tot el que necessitis." Amma havia viscut així molt de temps i parlava, per tant, per pròpia experiència. L'endemà mateix, un devot, que no sabia res de les necessitats que passaven els brahmatxaris, va dur un vestit nou per a cada un.

L'austeritat de les condicions de vida en la primera etapa de l'àixram va ser per a aquells joves una profunda iniciació a la renúncia. Per animar-los, Amma els deia: "Si aquí podeu suportar aquestes condicions, us sentireu còmodes a qualsevol lloc on aneu. Si ara sabeu superar les adversitats, més endavant podreu afrontar qualsevol crisi o repte de l'existència."

Com que el nombre de devots i brahmatxaris residents no parava d'augmentar i les condicions de vida continuaven sense canvis, va néixer la idea de formalitzar un àixram. Amb tot, la situació no era gens engrescadora, perquè Amma no disposava ni de terrenys ni de diners. Fins i tot el terreny on Nilu havia construït la cabana era de Sugunànandan, i tot i que aquest havia donat permís a Nilu, Balu i Gàiatri per viure a Idamannel, mai no se li havia passat pel cap que casa seva es pogués convertir en un àixram. Tampoc no li feia gaire gràcia haver d'allotjar cada cop més gent. Un dia que Amma va suggerir la idea de l'àixram, ell va deixar ben clar el seu punt de vista, irritat: "On s'és vist? Que tenim béns i fortuna, potser? Fundar un àixram? On aniríem a viure la família si la casa es converteix en un àixram? No! Jo no autoritzaré mai fundar un àixram en aquest lloc!"

De fet, inicialment tampoc Amma era gaire favorable a la idea. Quan alguns devots li ho proposaven, la seva resposta era:

"Amma ja ha sentit prou a parlar de l'àixram, però ella no en necessita cap. No fora un lligam més? Heu vist alguna vegada el quiromàntic caminant amb el seu lloro tancat dins d'una gàbia, és a dir, encadenat per la voluntat d'una altra persona? Amma acabaria per trobar-se en una situació semblant. No ho puc fer. Amma té la seva pròpia llibertat i no s'hi haurien de posar obstacles."

Amb tot, com que el nombre de devots i deixebles augmentava, la necessitat d'un àixram aviat es va fer evident. Per altra banda, segons les lleis del país, els deixebles estrangers no podien viure en una casa particular durant molt de temps. I Amma es va convèncer finalment que era necessari crear un centre espiritual aprovat pel govern. Quan li van preguntar sobre quins passos calia seguir, ella contestà amb picardia:

"Sigui com sigui, els membres de la família no fundaran pas un àixram. El seu samskara (actitud mental) és un altre. No cal que esperem el seu permís, perquè no cooperaran ni ara, ni més endavant. L'únic que segur que en podem esperar són retrets!"

El dia 6 de maig de 1981, amb la finalitat de preservar i difondre els ideals i ensenyaments d'Amma, es va fundar i registrar el "Mata Amritanandamyi Math and Mission Trust", acollint-se a l'Acta de la Llei Caritatativa i Literària de 1955 de l'Estat de Travancore-Cotxín, a Kol·lam, Kérala, sud de l'Índia.

A partir d'aquell dia, la santa Mare va adoptar oficialment el nom de "Mata Amritanandamyi", que li havia donat un dels brahmatxaris. Significa "Mare de l'Eterna Felicitat" i li escau perfectament.

Un dia, un dels brahmatxaris necessitava uns llibres sagrats i va demanar a Amma que triés per ell un número d'una rifa en què es jugava un lot de llibres. Ella li va dir: "Per què alimentar aquesta mena de desigs? Aviat en rebràs molts, de llibres." Va ser poc després d'aquest incident que Nilu, en traslladar-se definitivament amb la Mare, va decidir portar a l'àixram de Val·lickavu la seva biblioteca de Tiruvànnamalai, que contenia més de dos mil llibres en anglès i en diversos idiomes indis. Així començà la biblioteca de l'àixram.

El 27 d'agost de 1982 es va inaugurar una escola de Vedanta per tal de transmetre el coneixement tradicional dels Vedes i el sànscrit als residents de l'àixram. De tota manera, Amma sempre insisteix als brahmatxaris sobre la importància de la meditació més enllà del mer coneixement intel·lectual dels llibres. La rutina de l'àixram consisteix a meditar entre 6 i 8 hores per a tots els residents. Els que volen dedicar tot el temps a la meditació són encoratjats a fer-ho i n'hi ha uns quants a l'àixram. La Mare diu:

"Les escriptures només són senyals indicadors, representen el mitjà i no la fi. L'objectiu està situat més enllà. Un estudiant d'agricultura sap com plantar les llavors, quan adobar la terra, com eliminar les plagues i com evitar que tornin, etc. De la mateixa manera, l'estudi de les escriptures ens dóna instruccions sobre com hem de fer les nostres pràctiques espirituals."

Hem d'afegir alguns mots sobre el canvi radical que van experimentar tant la família d'Amma com els veïns del poble. Adonant-se finalment de la seva naturalesa divina, ara se sentien orgullosos de ser-ne parents o de ser-ne veïns. Sugunànandan i Damaianti es preguntaven sovint quins mèrits devien haver adquirit en vides passades per merèixer de ser ara els "pares" de la mateixa Mare Divina! Ara són uns exemplars pares de família i fan amorosament el paper de pare i mare de tots els brahmatxaris que viuen a l'àixram, que consideren com a fills propis.

Avui en dia el "Mata Amritanandamyi Math and Mission Trust" és un centre espiritual en creixement, dirigit per Amma, que es mostra molt estricta perquè funcioni segons les tradicions d'aquesta santa terra que és l'Índia. Tota la feina de l'àixram la fan els mateixos residents, cada un dels quals treballa com a mínim dues hores diàries en feines de manteniment: cuina, neteja, l'estable de les vaques, etc. Molts devots consideren l'àixram com la seva llar i com un camp fèrtil on es poden cultivar amb abundància les nobles qualitats espirituals i recollir els fruits de la Realització Divina.

Contestant a les repetides sol·licituds dels seus fills de l'estranger, Amma va fer la primera gira mundial per Estats Units i Europa entre maig i agost de 1987. L'impacte va ser meravellós. Amma inspirà i transformà molta gent, que va experimentar el seu incomparable encant espiritual i el seu amor universal. El desembre de 1987 visità les illes de la Reunió i Maurici, invitada pel Mata Amritanandamyi Mission Center, creat el 1985 sota el lideratge d'un dels seus deixebles. Des de llavors, Amma viatja cada any per tot el món i s'han creat molts centres tant a Amèrica com a Europa. A casa nostra hem tingut la benedicció que s'obrís un àixram l'any 2008 a Piera, a prop de la muntanya de Montserrat.

Amma dóna el següent consell a totes les ànimes beneïdes que han trobat el seu camí cap a la seva Divina Presència:

"Quan un escultor contempla un bloc de pedra, només hi veu la forma magnífica que hi esculpirà, ignorant-ne l'aparença grollera. De la mateixa manera, una ànima realitzada només veu l'Ésser o Atman que brilla en tothom sense excepció, ignorant les diferències externes. Un alcohòlic no és la persona adient per propagar la prohibició de l'alcohol. Primer li caldrà deixar de beure i després podrà suggerir als altres que també ho facin. Així també vosaltres, fills meus, només quan arribeu a ser moralment i espiritualment perfectes i sigueu capaços de veure la Divinitat en tothom podreu ensenyar als altres a fer el mateix."

Acabem el relat de la vida d'Amma amb la seva amorosa crida a tota la humanitat:

"Veniu aviat, fills meus, vosaltres que sou la Divina Essència de l'OM.
Allibereu-vos de tot dolor, convertiu-vos en dignes d'adoració i foneu-vos en l'OM sagrat."

Capítol 11

El significat dels bhava divins

El significat dels bhava divins d' Amma com a manifestacions de Krixna i Devi és un tema que va més enllà de la comprensió humana, tot i que un estudi atent ens pot ajudar a comprendre l'infinit poder espiritual d'Amma.

Com a resposta a la sincera demanda del devot, un Mestre perfecte va revelant de mica en mica els seus atributs infinits en el cor dels qui tenen una veritable aspiració espiritual. A mesura que el procés de purificació es fa més intens, la grandesa del guru, que de fet també és la veritable naturalesa del deixeble devot, se li anirà revelant gradualment per la gràcia del Mestre. La gràcia és, sens dubte, la primera condició i la més important per entendre el significat de les divines manifestacions de la Mare.

Els grans Mestres de l'Índia han classificat les encarnacions divines en tres categories principals: Purna Avatara (manifestació plena o perfecta), Amsa Avatara (manifestació parcial) i Aveixa Avatara (possessió temporal per part dels poders divins). La paraula Avatara significa descendir o davallar. Purna Avatara és el descens de l'Energia Suprema Immutable, sense nom i sense forma, que pren una forma humana i manifesta un poder infinit sense límits. La finalitat d'això és restaurar i mantenir la rectitud (el dharma) i despertar la humanitat en fer-li prendre consciència de l'Ésser Superior.

Amsa Avatara és la davallada de Déu quan manifesta parcialment el seu poder per a complir un propòsit o amb una finalitat

193

concreta. Les encarnacions del senyor Vixnu com a Vàmana (el nan) i com a Narassimha (l'home-lleó) en són exemples típics.

Aveixa Avatara és completament diferent de les dues encarnacions anteriors, ja que es tracta d'una visita o una possessió temporal per part d'éssers divins que fan servir el cos d'algunes persones per fer tasques concretes. L'encarnació de Vixnu com a Parassurama, tal com s'explica a l'epopeia del Xrímad Bhàgavatam, pertany a aquesta categoria. En aquest cas, Vixnu entrà en el cos de Parassurama, un gran guerrer, per tal de destruir els cruels reis *kxatriia*[1], que s'havien tornat arrogants i egoistes.Un cop acomplerta la missió, el poder de Parassurama s'esvaí.

Es conta que Xri Rama, una altra encarnació del senyor Vixnu, va retirar el poder diví de Parassurama en tornar a Aiodhia, després del seu matrimoni amb Sita.

Les escriptures ens diuen que els dimonis o fantasmes a voltes posseeixen el cos de persones de ment dèbil. Les persones que són bones per naturalesa (sàttviques) són posseïdes pels deva (déus menors); les qui són creatives i plenes de vigoria (rajàssiques) ho són per éssers celestials (inferiors als déus menors), i aquelles la naturalesa de les quals és obscura (tamàssiques) són posseïdes per esperits malignes. També es diu que en el cos d'algunes persones excepcionals, extremadament pures, s'hi pot manifestar el poder diví durant un breu període de temps. Aquest és el motiu pel qual Parassurama va ser considerat un Aveixa Avatara.

El següent exemple ens pot ajudar a penetrar en el misteri dels estats divins d'Amma. Un dia el senyor Krixna, que vivia a Duàraka, va tenir ganes de visitar el Seu devot Hànuman. Va enviar Gàruda, el rei dels ocells, que li feia de missatger, a Kàdali Vànam, on residia Hànuman, el qual refusà d'acompanyar-lo tot dient: "Jo no aniré a veure ningú que no sigui el meu senyor

---

[1] *Kxatriia* és el nom de la casta dels guerrers, un dels quatre ordres socials de l'Índia.

Rama". En rebre aquesta resposta, Krixna envià altra vegada el rei dels ocells a veure Hànuman amb un missatge que deia: "Xri Rama i la Seva divina esposa són a Duàraka i desitgen veure el Seu estimat devot".

Mentre Gàruda era fora a buscar Hànuman, van tenir lloc certs esdeveniments a Duàraka: el senyor Krixna, amb un simple acte de la Seva voluntat, prengué la forma del senyor Rama, que havia viscut segles abans. Rúkmini, la consort de Krixna, es va convertir en Sita. Així que, quan Hànuman va arribar a Duàraka, veié Xri Rama i la Seva esposa Sita, als quals adorà, i després va tornar-se'n a casa.

Tot i que Xri Rama fou també una de les encarnacions del senyor Vixnu, havia viscut a Aiodhia milers d'anys abans que Xri Krixna. Amb tot, Hànuman, el gran devot de Xri Rama, no dubtà que el seu Senyor i Sita poguessin aparèixer a Duàraka, tot i que l'omniscient Hànuman sabia perfectament que en aquell temps el senyor de Duàraka era Krixna. Hànuman sabia del cert que només Krixna podia manifestar-se com a Rama (Rama bhava). De fet, el que va passar és que Hànuman va aprofitar l'avinentesa per veure el seu Senyor i Sita en forma humana. El senyor Krixna, servent dels Seus devots, respongué joiosament al desig del Seu estimat devot i el va beneir.

Només un Purna Avatara pot manifestar-se unit a un déu o una deessa. En ser el senyor Krixna un Avatara, va poder manifestar-se fàcilment com a Rama (Rama bhava). Un bon dia, Krixna demanà a les seves esposes -entre les quals hi havia Satiabhama, una de les més estimades- que prenguessin la forma de Sita, però cap no en va ser capaç. Fou Rúkmini, una encarnació de la deessa Lakxmi, qui finalment va manifestar el Bhava de Sita.

En el cas d'un Aveixa Avatara, els poders divins entren en una determinada persona i se'n van després d'haver assolit el seu objectiu. Aquest no és el cas de Sri Krixna i Rúkmini. El que

Krixna va fer és manifestar el Rama bhava, o atributs de Rama, que ja eren potencialment dins seu.

Hi ha un episodi similar a la vida del senyor Txaitània de Bengala. Un dia, Pàndit Xrivassa, un ardent devot del senyor Narassimha, recitava les seves lletanies quotidianes (mantra japa) al santuari familiar. De sobte, algú va picar a la porta. "Qui hi ha?", va preguntar el pàndit (savi). La resposta va ser: contempla l'estimada Divinitat que estàs adorant". Pàndit Xrivassa va obrir la porta i pogué contemplar davant seu el senyor Txaitània dret al llindar en manifestació divina. Txaitània entrà a l'oratori i va seure al lloc especialment reservat per a l'adoració. El pàndit va veure el senyor Narassimha que brillava dins del senyor Txaitània i amb gran devoció el va adorar. El senyor Txaitània beneí la família del pàndit i va deixar que tots poguessin participar en el culte.

Després que tothom hagués rebut les seves benediccions, el senyor Txaitània caigué inconscient. Així que recuperà la consciència externa, preguntà al pàndit: "Què ha passat? No recordo res! He dit alguna cosa incorrecta?" Ple d'humilitat, Xrivassa es postrà davant del seu Senyor i li va dir: "Oh Bhagavan, si us plau, no confongueu més aquest humil servent Vostre. La Vostra gràcia m'ha permès de veure qui sou!" En sentir això, Txaitània somrigué bondadosament en senyal d'aprovació. Molts fets com aquest de la vida del senyor Txaitània revelen que donava darxan als seus devots en diverses manifestacions divines.

A la llum dels exemples precedents, ens és més fàcil de comprendre què és un Bhava darxan. El Bhava darxan és la manifestació de diferents Íxuara bhava o estats divins mitjançant una encarnació de Déu per tal de satisfer els desigs dels devots. Anandamayi Ma, que vivia a Bengala, manifestava els bhava de Krixna i de Kali quan cantava bhajans. Aquests bhava que es manifesten en encarnacions només es produeixen en situacions concretes, amb un objectiu concret, especialment per respondre al desig fervent dels devots durant curts períodes de temps.

La Santa Mare Amritanandamayi manifestava els estats divins tres nits a la setmana durant períodes d'entre deu i dotze hores segons el nombre de devots que hi hagués al darxan. Així és com Amma serveix la humanitat, que avui dia es troba embolicada en una profunda confusió mundana.

Es diu que el senyor Txaitània va tenir dos bhava, el de devot, pel qual es manifestava molt sovint, i el Bhàgavat bhava, en el qual revelava el seu autèntic estat de permanència en l'Ésser. Xri Ramakrixna Paramahamsa també va manifestar més d'un bhava. Fins i tot s'afirma que havia desenvolupat un petit apèndix com una cua durant el període de les seves pràctiques espirituals en el bhava de Hànuman.

Durant els bhava de Krixna i Devi, Amma manifesta aquests éssers divins per tal de beneir els seus devots. D'aquestes manifestacions, Amma ha dit:

"Amma no manifesta ni una part infinitesimal del seu poder durant els bhava. Si manifestés tota la seva plenitud ningú no podria apropar-s'hi! Totes les divinitats del panteó hindú, que representen els aspectes innombrables de l'Ésser Suprem, existeixen dins nostre. Una encarnació pot manifestar-se en qualsevol de les divinitats per al bé del món. El Krixna bhava és la manifestació del Púruixa o aspecte de l'Ésser Pur, i el Devi bhava és la manifestació de la Feminitat Eterna, la Creadora, el principi actiu de l'Absolut Impersonal. Heus ací una nena beneita que es vesteix de Krixna i després de Devi però a dins seu existeixen ambdues divinitats. Amb tot, cal recordar que qualsevol dels objectes que tenen forma o nom són simples projeccions mentals. Per què guarnim un elefant? Per què un advocat fa servir una toga negra, i un policia porta uniforme i gorra? De fet no són sinó accessoris que volen causar una certa impressió. En aquest sentit, Amma es vesteix amb la roba de Krixna i la roba de Devi per tal de reforçar la devoció de la gent que ve a rebre el darxan. L'Àtman o l'Ésser que és en mi també és en vosaltres. Si podeu adonar-vos que el Principi Indivisible sempre brilla dins vostre, esdevindreu aquest Principi Indivisible."

Fins i tot avui dia encara hi ha persones que creuen que Déu fa estada en el cos d'Amma tres cops per setmana i després se'n va. Aquesta creença errònia és fruit d'una comprensió equivocada dels estats divins d'Amma. Els bhava Divins no són altra cosa que la manifestació dels seus estats d'unió constant amb la Divinitat i no tenen res a veure amb la possessió o amb la Gràcia Divina com generalment s'entén.

En resposta a les preguntes dels devots, Amma ha explicat molts punts concrets relacionats amb els bhava.

Devot: Molts devots afirmen que Amma és la mateixa durant els bhava divins que en la resta de moments de la seva vida. Si això és cert, què signifiquen els bhava?

Amma: Durant el Bhava darxan, Amma elimina dues o tres capes (o vels, per dir-ho d'una altra manera) per tal que els devots puguin abraçar el Suprem. Cada persona té una manera diferent de creure. La intenció d'Amma és ajudar les persones a apropar-se a Déu. Alguns només s'hi interessen en veure Amma vestida de Devi o Krixna. I encara podríem afirmar que hi ha molt poca gent que sàpiga alguna cosa d'espiritualitat. Per a certes persones és difícil creure les paraules d'Amma en circumstàncies ordinàries, però durant el Devi bhava se les creuen.

Devot: Hi ha algun moment en particular per manifestar aquest bhava?

Amma: No. No n'hi ha cap. Es pot manifestar en qualsevol moment per un simple gest de voluntat.

Devot: Amma, per què portes els vestits de Krixna i Devi?

Amma: Per ajudar la gent, perquè recordin el que és un bhava. Fill meu, els vestits també tenen la seva importància. Naixem ben nus. Després segons el país i el costum social, la gent es vesteix de diferents maneres. Sigui quina sigui la roba que ens posem, la persona és la mateixa. Avui dia es dóna molta importància als vestits.

Amma voldria explicar aquest tema amb una anècdota. Hi havia un home que tallava un arbre de la vora del camí. Un altre home que passava per allà el va veure i li va dir: 'No tallis aquest arbre! No està bé i, a més, va contra la llei.' L'home va continuar tallant-lo i a més li va contestar de forma grollera. L'home que intentava salvar l'arbre era policia, va marxar, però tornà de seguida al lloc dels fets amb el seu uniforme oficial. Quan el policia encara era a distància, en veure'n la gorra l'home que tallava l'arbre va fugir cames ajudeu-me sense mirar enrere. Fixeu-vos en la diferència de l'impacte causat pel policia quan anava vestit de civil o quan anava amb uniforme. És per això que cal una indumentària especial per instruir els ignorants. El mateix passa amb els vestits dels bhava de Krixna i Devi. Hi ha persones que després de parlar hores amb Amma no queden del tot satisfetes; en canvi se senten plenament tranquil·les després de conversar-hi només un parell de segons durant el Bahva darxan. Queden en pau després d'haver explicat les seves preocupacions directament a Déu.

Cada encarnació és única. No podem dir que Krixna sigui més gran que Rama o que Rama ho sigui més que Buda. Cadascú tenia la seva pròpia tasca i varen adoptar la forma més adient per ajudar la humanitat. Això no vol dir que tinguessin visions diferents de la vida. És impossible de jutjar les seves accions mitjançant el nostre intel·lecte o la nostra lògica limitada. Potser la pura intuïció, fruit de la nostra pràctica espiritual, ens permetrà albirar algunes espurnes de la seva grandesa. Les experiències de milers de devots en contacte amb la Santa Mare aporten molta llum sobre el poder espiritual d'aquesta Gran Ànima. A les properes pàgines, el lector podrà conèixer diverses experiències narrades pels mateixos devots.

Capítol 12

Experiències dels aspirants espirituals

Unnikrixnan (Suami Turiiamritananda Puri)

Unnikrixnan fou la primera persona que va tenir la sort de trobar la Mare i de restar molt de temps al seu costat. Havia anat a l'escola només fins al sisè grau. En ell veiem un bon exemple de la bondat i la gràcia d'Amma. Amb la gràcia del Guru fins i tot un illetrat pot esdevenir poeta, i la vida d'Unnikrixnan n'és un testimoni. Després d'acabar els estudis primaris, es dedicà a diverses activitats anant d'un lloc a l'altre. El 1976, quan tenia vint anys, va sentir parlar de la Santa Mare i va anar a visitar-la. Així que la va veure, experimentà una gran fe i devoció. A partir d'aleshores hi anava sovint per tal de seguir-ne les ensenyances. Al cap d'un any, Amma li va demanar que es quedés per fer la cerimònia diària d'adoració al temple. També li va ensenyar a cantar la Làlita Sahaixranama (els mil noms de la Mare Divina).

Aleshores es produí un canvi radical en la seva vida. La simple presència d'Amma li inspirava un gran desig de realitzar la Veritat. Els seus dies els dedicava completament a fer pràctiques d'austeritat, adoracions rituals, a conversar amb Amma, a la lectura de les escriptures i altres activitats espirituals. De mica en mica, duent aquesta vida disciplinada, va adonar-se que la gloriosa Mare del

Bhava darxan i Amma eren la mateixa. Dues cares del mateix Poder Diví que s'estava manifestant per al bé del món.

Aquesta intuïció va estimular pregonament el seu desig de realitzar sàdhana (pràctiques espirituals) i es rendí totalment als peus de la Mare, a qui considerava l'únic suport de la seva vida. A mesura que passava el temps, les seves disciplines anaven sent més rigoroses: cada vegada menjava, dormia i parlava menys. Fins i tot va fer un dejuni durant unes quantes setmanes. Normalment dormia a terra només amb una flassada per abrigar-se a l' hivern i els dies de pluja. Quan de tant en tant feia alguna peregrinació, viatjava sempre a peu i no feia servir mai cap mitjà de transport.

Un dia, desbordat d'emoció, amb els ulls plens de llàgrimes, va preguntar a Amma: "Qui és la meva veritable mare?" La Santa Mare se'l va mirar amb tendresa i, tot abraçant-lo, li va dir : "Fill meu, tu ets el meu fill i jo sóc la teva Mare". Unnikrixnan va sentir un goig inexpressable que li sorgia de dins i mentre contemplava en silenci el rostre radiant de la Mare, plorà d'alegria.

Per la infinita gràcia de la Mare, Unnikrixnan va esdevenir un prolífic poeta, que escrivia uns poemes plens de filosofia profunda i de dolcesa devocional. En una ocasió en què els seus pares havien enviat uns parents per tal de convèncer-lo que tornés a casa, ell va respondre amb aquest poema commovedor:

Ja fa temps que he deixat casa meva.
Si ara portés una vida mundana,
gaudiria de pau espiritual?
Quin profit n'hauria tret de viure
des de temps immemorials
una existència d'aquesta mena?

Tant que m'esforço per alliberar-me
de la follia del món,
per què m'oferiu un camí incert

que duu al servilisme del pidolaire?
Com puc acceptar aquest destí?

Unni descriu la seva primera trobada amb Amma d'una manera evocadora:

Akalatta Kovilil

En un temple llunyà cremava una flama
que no s'apagava.
La Mare, d'infinita compassió, era allà
asseguda, brillant com una llum
que guia els perduts en les tenebres.

Un dia que m'hi vaig atansar,
aquesta bondat encarnada em va cridar
i tot obrint el santuari interior
em va posar pasta de sàndal al front.

La Seva veu melodiosa lloava el Senyor
i Ella em va fer un lloc en el Seu suau braç sagrat.
Apropant-se com un meravellós somni diví,
em va xiuxiuejar aquesta veritat a cau d'orella:
"Per què plores? Que no saps
que ets prop de la Mare de l'Univers?"
Em vaig desvetllar amb un sospir
i el Seu rostre de flor de lotus
va quedar imprès per sempre
en la meva consciència.

Una vegada, Unnikrixnan va dejunar durant unes quantes setmanes perquè tenia un conflicte interior. Quan se'n va assabentar Amma, també va deixar de beure i de menjar. Unni, com que no sabia que la Mare també dejunava, va continuar amb el seu vot. Al cap d'uns quants dies, mentre Unni feia la seva adoració al temple, el pare d'Amma el va renyar perquè no menjava i alhora perquè Amma havia deixat de menjar per causa del seu dejuni.

En acabar el ritual, Unni va anar cap al llindar de la cabana d'Amma amb el cor adolorit i amb els ulls plens de llàgrimes. Amma el va cridar al seu costat i el va acariciar amorosament i, en veure que el cos li tremolava, li va dir: "Unni, fill meu, quan sentis alguna inquietud dins teu, vine a parlar-ne amb Amma. No torturis el teu cos d'aquesta manera. Per fer "tapes" el necessitem. Si més no, menja per mantenir-te sa". Mentre deia aquestes paraules, va demanar un plat d'arròs i va començar a péixer Unni alhora que ella també menjava del mateix plat.

Al cap d'uns mesos d'instal·lar-se a l'aixram, Unni, que tenia tarannà de rodamón, va decidir anar-se'n. Sense dir res a ningú es va preparar per al seu viatge. Quan era a punt de marxar, durant una nit de darxan, just en el moment de sortir, arribà un home enviat per Amma que li digué: "Diu la Mare que encara que estiguis a punt de marxar, ara no hauries d'anar-te'n". Com que era incapaç de desobeir-la, Unni es va quedar. Més endavant va tornar a intentar anar-se'n però es repetí la mateixa escena. Finalment va marxar, però va haver de tornar al cap de dos dies. Aleshores va quedar totalment convençut que no es pot fer res d'amagat de la Mare i sense la seva benedicció.

Amma va dir una vegada: "Els cants d'Unni brollen de la seva meditació". Quin reconeixement més gran hi podria haver? Heus aquí la traducció de dues de les seves cançons:

He vagat per terres llunyanes
carregant el farcell feixuc del dolor.
Al final m'he rendit als Vostres peus de Lotus.
Oh Mare! Podríeu netejar bondadosament
les meves llàgrimes i afliccions amb l'aigua
del Vostre amor?
No considereu aquest pobre un pecador,

ja que no tinc cap més refugi ni suport.
Oh encarnació de la compassió! Si us plau,
acaroneu-me amb la llum de lluna del Vostre bell esguard.

Oh Mare, permeteu-me de llençar aquest pesat
farcell de pensaments
i deixeu-me seure al costat Vostre i fondre'm en meditació.
Oh Vós que sou descrita en els Vedes i el Vedanta!
Oh Vós que sou la Mare de tots els Déus i Deesses!
Em concedireu el desig que sorgeix de la meva ànima
d'aconseguir l'Ésser Suprem?
Oh Mare! Quan m'arribarà el moment
de renunciar als plaers del món i esdevenir
un amb els teus Vostres Sagrats?

Balu (Suami Amritasuarupananda Puri)

Balu explica aquesta experiència de la gràcia d'Amma:

"En acabar els meus exàmens de llicenciatura, vaig sentir parlar d'una noia amb poders sobrenaturals que es manifestava en les formes de Krixna i Devi. Si bé la meva fe en l'existència de Déu tenia arrels ben fondes, inicialment no vaig tenir gaire interès a veure-la. Alguns dels meus parents i amics que l'havien vista me'n parlaven molt bé i fins i tot insistien que anés al seu àixram. Finalment, una tarda, amb cert escepticisme, vaig anar a l'àixram amb el meu oncle. A mesura que m'hi anava atansant, la melodia d'un cant devocional ressonava a la meva oïda i em captava tota l'atenció. Vaig entrar en un petit santuari, i vaig veure una noia tota vestida de blanc cantant cançons plenes d'amor i devoció. En sentir el seu cant, em vaig adonar que el seu cor era ple de beatitud i amor divins. Les vibracions del cant van colpir el meu cor i em van despertar els sentiments més tendres. Quan em va arribar el torn, vaig entrar a la cambra del santuari on ella seia en un pítham o tamboret i em vaig prostrar davant seu; quan em vaig aixecar, va agafar-me les mans i em va mirar als ulls. El seu esguard brillava com la lluna plena. Aquesta mirada penetrà profundament dins meu, el seu somriure em va encisar i em vaig quedar embadalit. Una compassió infinita es manifestava al seu rostre. Recolzà suaument el meu cap a la seva espatlla i amb dolcesa, però amb èmfasi, va dir-me: "Petit, jo sóc la teva mare i tu ets el meu fill." Aquella veu dolça penetrà en el fons del meu cor i em vaig sentir embolcallat d'una joia inexplicable. Era el que sempre havia cercat! Em vaig posar a plorar. El sentiment maternal en la seva essència universal havia pres forma. Emocionat per aquesta experiència, vaig restar tota la nit al seu costat.

L'endemà, en tornar a casa meva, em vaig adonar del canvi que s'havia produït dins meu. Les activitats habituals m'eren totalment indiferents. El desig de veure-la una altra vegada s'intensificava. Tots els meus pensaments es dirigien vers ella. A la nit no vaig poder dormir. Cada vegada que intentava aclucar els ulls, la Mare apareixia al meu davant. L'endemà vaig tornar a l'àixram. Després d'aquesta segona trobada, el desig de renunciar a les coses del món encara va ser més intens. Em vaig tornar com boig pensant en Amma. Em vaig oblidar de menjar, de dormir i de rentar-me. Vaig abandonar la meva manera fantasiosa de vestir i de pentinar-me. Els meus pares i altres familiars es van amoïnar per aquests canvis i em varen prohibir d'anar a Val·lickavu.

L'endemà de participar en els bhajans, vaig entrar al temple amb aquesta decisió presa: 'Amma, jo sóc el teu fill, si us plau, accepta'm.'

Aleshores, Amma posà el meu cap a la seva espatlla i amorosament em va dir: 'Fill meu, quan Amma t'ha sentit cantar, ha comprès que aquesta veu era destinada a fondre's amb Déu. En aquell moment Amma es va apropar a tu i et va fer un amb ella. Ets veritablement meu.'

Una nit que estava mig adormit, vaig sentir una flaire dolça que impregnava tota la cambra. Vaig obrir els ulls i em vaig adonar que la fragància era real, que no era un somni ni una imaginació. De sobte, vaig sentir unes mans que em tocaven el front, vaig enlairar la mirada i, astorat, vaig veure Amma al capçal del llit. Em va somriure i em va dir: "Fill meu, Amma sempre és amb tu. No t'has d'amoïnar per res." Després de dir això, va desaparèixer.

L'endemà me'n vaig anar rabent a Val·lickavu, però Amma no hi era. No va tornar fins a les quatre de la tarda. Sense dir res, va entrar a la caseta, en sortí amb un plat d'arròs i va començar a donar-me'n igual que una mare que peix el seu fillet. Mentre em donava el menjar, va dir-me: "Ahir a la nit Amma va venir amb tu." Curull de joia, vaig plorar com un infant. De fet, no havia menjat res en tot el dia.

Després, Amma va iniciar-me amb un mantra i a partir d'aquell moment vaig ser incapaç de quedar-me a casa meva. El desig de viure al seu costat i d'escoltar les seves paraules augmentava dia rere dia. Malgrat l'oposició de la meva família, me'n vaig anar a viure a l'àixram.

Al cap de dos anys, un dia que estava assegut a casa d'un devot, Amma de sobte em va dir: 'Balu, fill meu, hauries de fer un doctorat en filosofia.' Jo ja li havia dit que no volia continuar estudiant i que el meu únic desig era que el meu pensament estigués unit a ella per sempre més. I heus ací que dos anys més tard em demanava que tornés a estudiar. Per pròpia experiència sabia que Amma mai no deia ni feia res sense un propòsit determinat; així doncs, començaria a estudiar altra vegada. Ara bé, hi havia un escull: Qui m'ensenyaria? Calia preparar-me per superar vuit exàmens, quatre de filosofia índia, que m'era coneguda, i la resta de filosofia occidental, que era una matèria completament nova per a mi. Aleshores vaig preguntar a la Mare on podria trobar algú que pogués ensenyar-me'n.

'No et preocupis per això', va contestar-me. 'Vindrà algú aquí i te n'ensenyarà. Tingues paciència i ja ho veuràs.' Però jo no n'estava gaire, de tranquil i sovint li repetia la pregunta. Al cap d'una setmana, un devot em va donar l'adreça d'un professor de filosofia. Vaig anar a casa seva per explicar-li la situació. Ell estava disposat a ensenyar-me filosofia però no volia venir a l'àixram. Vaig intentar explicar-li la dificultat que representava per a mi sortir fora per estudiar. Si bé va accedir a visitar l'àixram, no va cedir i va mantenir la condició que em caldria anar a casa seva a estudiar, o si no, no em faria les classes. Aleshores vaig pensar que, si bé segurament no tindria altra opció que acceptar les seves condicions, si més no, el professor podia conèixer Amma. El dijous següent vaig anar a buscar-lo a casa seva i en arribar a l'àixram li vaig suggerir que anés a veure la Mare, però ell s'hi va negar. Quan Amma va començar a cantar, com era costum, abans del Bhava darxan, ell s'ho mirava de lluny. Fins i tot quan va començar el darxan s'ho mirava des de certa distància. M'hi vaig apropar per suggerir-li que podia entrar al temple i, si volia, rebre el darxan d'Amma. 'No, jo no m'he prostrat mai davant de ningú, i no vull pas fer-ho ara!' respongué. El vaig deixar tot sol i me'n vaig anar a seure per cantar. Al cap d'un parell de minuts el vaig veure que irrompia en el temple i tot seguit es va sentir l'esclat d'un gran plor. El professor va caure als peus d'Amma i va estar plorant com un infant durant una hora. Quan va sortir del santuari, em cridà a part i em va dir: 'Certament és una gran ànima! Cada setmana vindré i t'ensenyaré el que calgui.' D'aquesta manera Amma em va aconseguir un professor.

El professor em va començar a dictar nombroses notes referents a diverses obres, però sense explicar-me'n res. Malauradament, per raons diverses, ens va ser del tot impossible continuar regularment les classes, de tal manera que la filosofia occidental va continuar sent una matèria desconeguda per a mi. Només faltaven tres mesos per als exàmens. El professor em va dictar algunes notes suplementàries i em va preparar un resum de tot el que havíem fet. Com que jo participava en diferents activitats de l'àixram i a més viatjava sovint amb la Mare, no tenia temps per als estudis.

Quan només faltava un mes per als exàmens, Amma va dir-me que fes els vuit exàmens junts. Jo estava molt preocupat pensant com podria fer les proves corresponents al primer i segon any! Ho vaig deixar als peus de la Mare i em vaig posar a estudiar. Finalment, va arribar el dia abans del viatge a Tirupati (una ciutat d'Andhra Pradeix a unes set-centes milles de l'àixram), on jo estava matriculat a la Universitat com a estudiant de filosofia. Al migdia, quan estava a punt de començar a recollir les meves coses, vaig sentir de sobte la veu d'Amma que em cridava de la seva cambra estant. En entrar em vaig adonar que estava fent una bossa. Va posar-hi un darrer objecte i la va tancar. Hi havia un altre equipatge més voluminós damunt d'una taula. La Mare se'm va atansar i em va dir, molt afectuosament: 'fill meu, he preparat tot el que et cal per al viatge.' I assenyalant l'equipatge va dir: 'hi ha dhotis, camises, tovalloles, dues flassades i altres peces de roba. I en aquesta bossa d'aquí hi ha oli de coco, sabó, un mirall, una pinta i quelcom per a escalfar-te una beguda i algunes coses més que et seran d'utilitat. Tot això t'ho preparo per estalviar-te temps que cal que dediquis a estudiar.' Em vaig quedar astorat i, incapaç de dir ni un sol mot, mirava el seu rostre amorós amb el cor vessant de joia. Els ulls se'm van omplir de llàgrimes i vaig començar a sanglotar.

Era la primera vegada que em separava de la Mare des que havia arribat a l'àixram i me n'anava tot un mes. Tenia el cor molt trist. Al tren vaig seure en un racó per amagar les meves llàgrimes. Tots els passatgers conversaven alegrement els uns amb els altres, mentre el meu esperit era ple de tristesa per la separació. Jo només pensava en Ella. Vaig arribar a Tirupati l'endemà al matí. Els meus dies transcorrien plens d'un dolor insuportable per la separació. Em sentia com un peix fora de l'aigua. Malgrat que m'esforçava per concentrar-me en els meus estudis, no me'n sortia. Cada minut transcorria amb una lentitud insuportable. No era capaç ni de mirar la seva fotografia. Cada objecte procedent de l'àixram em recordava la Mare i la seva graciosa forma. Ni menjava ni dormia. Cada dia era com un any per a mi. A vegades defallia, incapaç de suportar el sofriment de la separació i em desfeia en un mar de llàgrimes. Quan van començar els exàmens vaig fer amb penes i treballs totes les proves. A més, no tenia ningú per compartir la meva pena.

Va ser en aquell moment que vaig rebre una carta d'Amma, una carta que vaig llegir i rellegir un munt de vegades fins que va quedar xopa de les meves llàgrimes. Heus ací el text:

'Estimat fill!

La teva Mare és sempre amb tu. Fill, la Mare no sent pas que n'estiguis lluny. Amma pot veure el teu cor ple d'enyorança. La Mare sent els teus plors. Fill meu, aquest món és preciós. Les flors, l'immens oceà, el refilar dels ocells, el cel estelat, els arbres, els boscos, les muntanyes i les valls són aquí. Déu ha fet aquesta terra meravellosa. Cal que reconeguis Déu en totes les coses i que l'estimis en tots els éssers. Esquinça el vel que et separa de Déu. Deixa que els teus pensaments flueixin constantment cap a ell. Fill meu, no hi ha res que estigui malament en aquest món, tot és bo. Mira la part bona i virtuosa. Deixa que la teva ment floreixi i expandeixi la seva fragància pertot arreu.'

Aquella nit jo seia fora de la meva cambra tot contemplant els arbres i les plantes que es gronxaven mogudes pel ventijol. El cel era ple d'estels rutilants i la llum platejada de la lluna impregnava la terra amb la seva claror esplendorosa. Vaig pensar: 'Potser aquesta brisa ve d'allà on és Amma i potser ha tingut la sort d'acaronar el Seu cos. Oh sí, n'estic ben segur, aquesta brisa porta el perfum diví de la meva Mare. Si tingués ales volaria cap a Ella.'

Aquella nit vaig escriure el següent poema:

Tarapathangalé

Oh estels, podríeu baixar, si us plau?
La Mare és aquí per cantar-vos una cançó de bressol.
Ella és la deu d'amor infinit,
és l'arbre que fa ombra als qui cerquen.
Oh fresca i suau brisa que t'acostes lentament
entonant cançons silencioses en plena nit,
què xiuxiueges tan dolçament a les meves orelles?
Són les dolces històries de la meva Mare?

Cada dia el sol i la lluna
surten i es ponen en l'atzur del cel.
No teniu desig de veure la meva Mare,
que us ha donat aquesta brillantor divina?
Els arbres i les heures creixen amb abundància
a les valls solitàries i silencioses i als vessants dels turons.
Les tendres branques dansen al vent per consolar-me.

Jo em trobava en un estat exaltat, voltant per l'habitació com un boig. Amb tot, vaig controlar-me i vaig decidir de marxar l'endemà. Em faltava una assignatura de primer curs i tots els exàmens del segon any, que començaven al cap de quatre dies, als quals no tenia intenció de presentar-me.

Vaig pensar: 'La Mare m'ha demanat de fer tots els exàmens i ara actuaré contra la seva voluntat.'

Finalment vaig decidir demanar-li permís d'una forma ben peculiar. Vaig agafar tres bocins de paper idèntics. En el primer paperet vaig escriure: 'Fill, torna'; en el segon, 'Fes tots els exàmens i torna', i en el tercer: 'Fill, fes el que vulguis. Els vaig doblegar tots tres de la mateixa manera, els vaig barrejar i els vaig posar davant de la fotografia d'Amma que tenia en un racó de l'habitació. Aleshores amb aquesta humil pregària li vaig oferir els papers: 'Oh Amma, jo n'agafaré un. Fes-me conèixer la teva voluntat sigui quina sigui.' Vaig aclucar els ulls i vaig agafar-ne un amb la mà tremolosa. Ai las! Era el paper on deia: "'Fes tots els exàmens i torna.' Com que la resposta no em va convèncer, vaig repetir l'elecció però sortí altra vegada la mateixa resposta. Amb tot, desitjava tant de veure-la que vaig decidir d'anar-me'n l'endemà. Així que, després d'haver fet el darrer examen de primer me'n vaig anar rabent cap a l'habitació a empaquetar totes les coses per poder marxar ben de pressa.

Ja me n'anava, quan de sobte em vaig adonar que hi havia alguns objectes per terra en un racó de la cambra. Eren fulls de diari que havia fet servir per embolicar estris que m'havia endut de l'àixram i un tros d'una pastilla de sabó. Vaig pensar: 'Quina pena tan intensa vaig sentir quan em vaig separar d'Amma. Potser aquests objectes senten la mateixa aflicció que sento jo; seria un pecat deixar-los aquí.' Aleshores els vaig embolicar i els vaig ficar amb cura dins la bossa.

L'endemà vaig arribar a l'àixram. Just quan em dirigia a l'habitació d'Amma, em vaig creuar amb el meu germà, Venu, que, sorprès, em va dir: 'Ahir a la nit la Mare ens va dir que estaves molt inquiet i que tornaries avui.' Vaig entrar a la cambra d'Amma i em vaig prostrar als seus peus plorant. Ella em va fer aixecar i em consolà tot dient-me: 'Fill meu, conec bé el teu cor. Aquest amor és bo, però esforça't a adquirir més força mental. Un sàdhak (deixeble) ha de ser com una flor i alhora fort com un diamant. Cal que te'n tornis a fer els altres exàmens. Fins i tot si els suspenguessis a Amma tant li faria. Demà te'n vas i no tornis fins que els acabis tots.'

L'endemà al matí vaig tornar a Tirupati. Una setmana després, quan vaig haver fet el darrer examen, vaig tornar a l'àixram. No n'estava pas gaire content, de les meves respostes, i fins i tot vaig pensar que suspendria. Amma em va dir tranquil·lament: 'No cal que hi pensis més, segur que aprovaràs.' Quan van sortir les notes vaig quedar atònit en veure que ho havia aprovat tot, i amb molt bones notes.

Pel sol fet d'estar en presència de la Mare, una persona ja fa pràctiques espirituals (tapes). Sempre hi ha alguna cosa nova i fresca. A cada instant un experimenta revelacions il·luminadores que conduixen el devot a través de diferents reialmes de l'espiritualitat, portant-lo d'un pla cap al següent. En els primers estadis de la meva vida espiritual, solia creure que havia entès qui era Amma. Més endavant vaig adonar-me que no en sabia res de res."

Venu (Suami Pranavamritananda Puri)

Venu és el germà de Balu. Eren dos infants quan va morir la seva mare. Després del traspàs, Balu va créixer a casa del seu pare i Venu va ser criat per la seva tia Saràsuati Amma en una atmosfera familiar religiosa i espiritual. Venu era el petitó, consentit i estimat per tota la família, i mai va sentir la manca d'amor d'una mare. Als quinze anys va acabar els estudis secundaris i se'n va anar a viure amb el seu pare per continuar la seva educació en un col·legi local. Malgrat que en la seva infantesa havia mostrat una inclinació espiritual, durant l'època d'estudiant va dur una vida mundana. Amb tot, sempre que veia una pel·lícula de tema religiós o un monjo amb la túnica groguenca, sentia una estrebada de la seva aspiració espiritual mig adormida.

En l'època en què Venu estudiava, Balu ja havia conegut Amma i s'havia consagrat a la vida espiritual. Si bé Balu li havia parlat diverses vegades d'Amma, Venu no li feia gaire cas i fins i tot se'n reia tot dient: "No penso apropar-m'hi mai a aquesta pescadora." De tota manera, i fins i tot abans de veure Venu, Amma li havia dit a Balu: "El teu germà també és fill meu i també vindrà aquí." En sentir això Balu es preocupà, ja que a casa seva s'havia produït una allau de protestes quan ell havia abandonat la vida mundana per iniciar-ne una d'espiritual.

Què passaria si Venu seguia els seus passos? De tota manera, la Divina Voluntat és suprema i transcendeix la visió i les especulacions humanes ordinàries. El que està destinat s'esdevindrà inevitablement.

Quan Venu estava estudiant l'últim curs del batxillerat de ciències, Amma visità la casa de la seva tia. Aquell dia, en arribar de col·legi, Venu es va trobar Amma, que era a la terrassa del davant. Va passar pel seu costat sense ni mirar-se-la, caminant a grans gambades cap a la seva habitació, on hi havia Xrikumar i altres residents de l'àixram.

De sobte i per sorpresa, Amma es va acostar a Venu i mentre li agafava les mans com una mare amorosa li va dir: "Oi que tu ets el germà del meu fill Balu? Amma et volia conèixer." El cor de Venu es va fondre i es va adonar a l'instant que Amma no era una persona ordinària, sinó una font d'amor i tendresa maternal. Venu s'hi va sentir atret com el ferro per un imant. Al vespre, quan Amma va donar el menjar a tothom amb la seva pròpia mà, Venu va rebre també una porció d'arròs. Va quedar profundament impressionat en veure l'amor infinit d'Amma, l'equanimitat de la seva visió i la seva innocència infantil. La cara d'Amma irradiava llum espiritual. La seva manera clara i senzilla d'explicar els misteris de l'esperit, el cant d'extàtics bhajans i, per damunt de tot, la seva absoluta humilitat, el varen colpir profundament. Molt aviat Venu es va sentir atret per Ella i fins i tot quan Amma parlava a altres persones li semblava que responia els seus propis dubtes mentals.

Aquesta primera trobada amb la Santa Mare va deixar un fonda impressió en el seu esperit i tots els prejudicis que havia mostrat anteriorment en contra d' Ella o de la vida espiritual es van desfer instantàniament. Cada dia que passava augmentaven les ganes de tornar a veure Amma. Finalment, pel febrer de 1980 se'n va anar a Val·lickavu.

Quan Venu va retrobar la Mare, es va posar a plorar. Amma va agafar-li la mà i el va fer seure al seu costat. Aquella nit, quan Venu era al temple durant el Krixna bhava, va sentir que es trobava davant del mateix senyor Krixna. La joia sobreeixia del seu cor i no podia ni riure ni plorar. Va suplicar la benedicció d'Amma per tal d'obtenir el coneixement i una devoció pura. Ella li va dir: "Fill meu, obtindràs el que desitges", i li va donar un mantra escrit en un paperet i una garlanda de fulles de tulassi. Després de la seva trobada amb Amma, Venu va perdre l'interès per continuar els estudis i el seu únic desig era consagrar-se a la vida espiritual. Amma va insistir que es preparés per als exàmens de la universitat, als quals s'havia de presentar al cap d'un mes. Els professors i els estudiants es varen sorprendre en veure Venu amb el cap rapat i amb cendra sagrada al front. Van pensar que s'havia tornat boig. La seva ment només pensava en Amma, fins a tal punt que no es va adonar que es preparava per a l'examen de l'endemà i no per al que li tocava fer aquell dia. Amb tot, va aconseguir passar tots els exàmens i després se'n va anar a viure a l'àixram, al costat de la Mare, el setembre de 1980.

Un dia que se celebrava una festa a l'àixram, van preparar un púding ensucrat. El costum ensenya d'oferir-ne a la divinitat abans de repartir-lo entre els devots. Venu en va col·locar un part en una safata i la va posar al santuari de davant del temple. Aleshores es va adonar que no tenia res per cobrir el pastís, i va decidir de tallar una fulla verda d'una planta que creixia vora el santuari. Abans de fer-ho es va ben assegurar que Amma no el veiés. Però

Ella se'l mirava de lluny estant i va cridar: "Ep, Venu!" En sentir la seva veu va intentar amagar la fulla, però amb els nervis del moment, sense voler va donar un cop a la safata, que va caure per terra. En veure-ho, Venu es va torbar i com que pensava que ningú el veia va recollir el púding de la sorra on havia caigut i el va col·locar altra vegada a la safata, malgrat que sabia que no era correcte tornar-lo a posar com a ofrena al santuari.

Amma, que continuava observant els fets de lluny, s'hi va apropar i en un to seriós li va dir: "Ni un gos es menjaria aquest púding, i encara menys una persona, oi? Aleshores, com pots oferir-lo a Déu? Fill meu, que te'l menjaries, tu? No! Això és una falta greu. Déu accepta tot allò que se li ofereix amb amor i devoció sense considerar de quina mena és l'ofrena. Déu només veu la nostra actitud darrere l'oració. Si tu haguessis actuat així per ignorància, jo no n'hauria fet cas, però has realitzat aquesta acció sabent perfectament que era incorrecta. I a més, encara n'has fet un altre, d'error, has tallat una fulla tendra d'aquesta planteta. Que n'ets de despietat! Jo la puc veure com plora del mal que li has fet! Si algú et pessiga, oi que et fa mal? Fill, encara que tu no sentis el dolor de la planta, la Mare el sent."

Venu va veure el seu error i se'n va penedir. Va demanar perdó a Amma i Ella li va contestar:"Fill meu, qualsevol error que facis el considero com una mancança meva. Amma no està enfadada amb tu però per portar-te pel camí de la perfecció cal que a vegades demostri que ho està."

Venu explica un fet: "Amma ho sap tot. No se li pot amagar res. Fa més o menys cinc anys vaig tenir una experiència que ho demostra a bastament. Un vespre a l'hora de sopar, quan tothom menjava kanji (arròs amb el suc de l'aigua on ha bullit), vaig tenir un gran desig de menjar mangos marinats com a plat d'acompanyament. N'havia vist a la cuina de l'àixram, però eren per als treballadors i els devots que ens visitaven i no pas per als residents.

A més, Amma ens havia dit que un aspirant espiritual no ha de menjar plats gaire picants o amargants, ni molt dolços o salats. Moltes vegades, Ella anava a la cuina per comprovar si seguíem les seves instruccions. Jo ho sabia molt bé, però el desig era més fort que la meva voluntat. Sense fer soroll i molt dissimuladament me'n vaig anar a la cuina i vaig agafar furtivament dos talls ben grossos de mango marinat. Era a punt de sortir quan de sobte sento la veu d'Amma: 'Venu, què portes a les mans?' Em vaig quedar glaçat. Perquè no m'enxampés, vaig llençar els talls de mango. Aleshores Amma va començar a buscar-los i quan els va trobar se'm va apropar, em va agafar les mans i em va lligar a un pal. Jo estava espantat i avergonyit."

En veure la seva por i la seva innocència, la Mare va esclafir a riure. En realitat Amma gaudia en veure Venu com el nen Krixna, a qui Iaixoda, la seva mare, havia lligat a un pal perquè havia agafat mantega i llet de la casa de les gopis. De seguida el va deslligar i li donà afectuosament uns bocinets de mango. I li va dir: "Fill meu, només si s'ha controlat el gust del paladar es pot gaudir del gust del cor."

Amma té la seva pròpia manera d'eliminar les tendències negatives dels seus fills espirituals. A vegades diu: "Sóc una noia boja que no sap res." Pretén mostrar-se com una noia de poble ignorant i innocent però el seu esguard penetra fins a la veritat de les coses. Quan detecta un error, aleshores es manifesta la gran mestra espiritual que instrueix el deixeble d'una manera ferma i exacta, amagant temporalment el seu amor de mare.

Xrikumar (Suami Purnamritananda Puri)

Abans d'estar amb Amma, Xrikumar era enginyer electrònic. Mentre estava preparant la seva llicenciatura l'any 1979, va sentir a parlar d'una dona que podia encarnar estats divins i beneir els devots ajudant-los en els seus problemes particulars. Si bé creia en Déu, dubtava que la divinitat es pogués manifestar mitjançant un ésser humà. Observant la naturalesa d'aquest món on la majoria sofreix i no gaires són feliços, havia perdut la fe en un Déu bondadós. Amb tot, va decidir anar a veure-la personalment per comprovar si de veritat tenia poders divins.

Va arribar a l'àixram, força escèptic, pel maig d'aquell any. Va entrar al temple on hi havia la Mare. El seu esguard amorós i compassiu va penetrar profundament en el seu cor. La seva sola presència el va traslladar a un altre món, on només Déu, el Seu Sant Nom i ell mateix existien i va oblidar tot el que l'envoltava. Aquesta experiència el va empènyer de cop cap a Amma i a partir d'aquell moment tots els seus pensaments es van dirigir a Ella.

Pel que fa a la segona trobada, Xrikumar ens diu: "Havia sentit que alguns l'anomenaven Petita (Kunju) mentre que d'altres li deien Mare (Amma). Després del Bhava darxan, la Mare parlava amb els devots i de sobte es comportava com un infant innocent. Jugava a jocs ingenus i ells sentien els seus cors plens a vessar de joia i perdien el món de vista. A vegades cantava i ballava i al cap d'un moment, en sentir una cançó, començava a plorar, asseguda, immòbil, com si estigués fora d'aquest món. Alguns es prostraven al seu davant, d'altres li besaven la mà, mentre que uns tercers cantaven cants devocionals. Tot d'un plegat, començava a rodolar per terra i es posava a riure com una boja."

En principi, Xrikumar es va pensar que Amma era posseïda per Kali, la Mare Divina, i per Krixna, però de mica en mica, i gràcies al tracte continuat que hi tenia, es va adonar que, de fet, manifestava la seva identificació interna amb la Realitat Suprema. Cada dia que passava, el seu lligam amb Amma es feia més intens i cada vegada se li feia més difícil separar-se'n. Sempre que podia anava al seu costat. A vegades la Mare li peixia el menjar mentre li donava instruccions espirituals. Un dia li va preguntar: "T'ha donat Amma un mantra per repetir-lo?" "Sí - va respondre ell-.

Me'l vas donar escrit en un paperet per ajudar-me a estudiar."
Aleshores Ella li va dir: "Fill meu, avui durant el Devi bhava
Amma t'iniciarà." Aquella mateixa nit Xrikumar va ser iniciat amb
un mantra. A partir d'aquell mateix moment va decidir dedicar
la seva vida a l'espiritualitat sota la direcció d'Amma.

Tot i que els pares de Xrikumar eren devots de la Santa Mare,
no van aprovar la seva decisió de fer-se monjo. Els seus pretextos
eren que el pare s'havia retirat i que la germana encara era soltera.
Així les coses, li van trobar una feina a Bangalore, ciutat a uns
600 quilòmetres de Val·lickavu. Durant els dies en què Xrikumar
tenia el cor adolorit de tant de desig de veure Amma, acostumava
a tenir-ne visions. Per tal d'aconsolar-lo la Mare li enviava de tant
en tant una carta. En aquell temps el noi va compondre aquesta
cançó:

Àrikil undénkilum

*Oh Mare! Fins i tot quan sou a prop
vaig d'un lloc a l'altre sense trobar-vos.*

*Malgrat que tinc ulls i Us cerco,
sóc incapaç de veure-us.
Sou potser la formosa lluna,
que brilla a les nits blaves de l' hivern?
Jo sóc com el trencar de l'onada, que, incapaç d'atènyer el cel,
s'expandeix cap a la riba.*

*Quan vaig conèixer
la vanitat d'aquest món,
em vaig delir per conèixer-vos
i plorava nit i dia.
No vindreu a consolar
aquest infant esgotat pel pes del dolor?*

Espero amb delit la Vostra arribada,
anhelós de veure-us.

El fort desig de veure la Mare i de poder estar al seu costat va fer tornar Xrikumar a casa seva abans de finalitzar el mes a Bangalore. Així que va arribar, va haver de ser hospitalitzat amb una febre molt alta. El seu desig de veure Amma anava augmentant, fins que un dia a les quatre de la matinada va tenir una experiència meravellosa:

"El meu pare havia sortit per dur-me una mica de cafè, jo estava sol a l'habitació quan tot d'una se'm van paralitzar les mans i les cames. Em vaig sentir acaronat per una brisa fresca i suau i, per a sorpresa meva, vaig veure que Amma entrava a l'habitació. Es va acostar cap a mi amb un somriure bondadós al rostre. Em vaig posar a plorar com un nen petit. Aleshores va seure al meu costat i va posar el meu cap a la seva falda sense dir res. Jo estava corprès i tenia un nus a la gola. Un esclat de llum que provenia del seu cos va omplir tota la cambra. Ella mateixa va quedar immersa en aquesta llum divina. Just en aquest instant, es va obrir la porta i va entrar el meu pare i la Mare va desaparèixer immediatament."

Uns quants dies després, Amma va visitar la família de Xrikumar de bon matí. Seia davant de la casa jugant amb la canalla. Tot d'una es va aixecar i se'n va anar caminant camps a través en direcció a l'est. Les seves mans feien un mudra. Va entrar en un bosc on vivia una família que adorava les serps. En un estat semiconscient i amb els ulls mig aclucats va somriure dolçament i s'assegué al santuari destinat al culte de les serpents. Alguns curiosos es van aplegar per tal d'observar la insòlita escena, però no van entrar al bosc perquè hi havia moltes serps verinoses. En córrer la veu, se'n van assabentar els propietaris, els quals es van atansar a Amma amb els palmells de les mans junts.

Varen preguntar-li: "Mare, nosaltres fem el culte regularment sense interrupció. Hem de fer alguna altra cosa?" Amma contestà:

"N'hi ha prou que poseu cada dia un got d'aigua fresca." Quan va tornar a la casa, la família li va preguntar: "Què us ha fet anar cap allà?" I ella respongué:" Fa molt de temps que allà es veneren les serps i Amma hi ha anat per tal de satisfer el desig de les divinitats que presideixen aquell bosc. D'ençà que he arribat, sentia que em cridaven."

Després d'aquests fets, els pares de Xrikumar li van trobar una feina a Bombai. Davant la seva insistència no li va quedar més opció que anar-hi. Novament, a contracor, va haver de separar-se d'Amma. Mentre feia el viatge amb tren va sentir intensament la seva presència. En un estat entre el son i la vetlla, gaudia de contínues visions de la Mare i fruïa de la joia de la seva divina presència. Al cap de vuit mesos, incapaç d'aguantar més la separació, va deixar la feina. Durant l'estada a Bombai, Xrikumar va escriure aquest poema, que reflecteix el sentiment del seu cor:

Ajikulil

*El sol s'ha post per occident, rere l'oceà,
i el dia ha començat el seu lament.
Tot plegat no és altra cosa
que el joc de l'Arquitecte Universal.
Aleshores, flors de lotus closes, per què us afligiu?*

*Aquest món ple de misèria i de dolor
és el teatre de Déu i jo en sóc l'espectador.
No sóc sinó un putxinel·li a les Seves mans
que ja no té més llàgrimes per plorar.*

*El meu esperit es va consumint com una flama,
separat de Vós en aquesta mar de dolor.
Em sento navegant a la deriva,
incapaç d'arribar a bon port.*

Xrikumar, fins i tot abans d'haver conegut Amma i iniciar seriosament una vida espiritual, ja havia tingut certes experiències en el món astral. De vegades, quan estava ajagut, sentia com el seu cos subtil sortia del cos físic i se n'anava a un altre nivell. En aquells moments, malgrat que mantenia els ulls aclucats, podia copsar amb claredat el món objectiu.

Durant la seva estada a Bombai va tenir una experiència extraordinària. Era a ple dia i estava relaxat amb els ulls clucs després de fer una meditació. Tot d'una va quedar paralitzat, i va percebre com el seu cos subtil se separava del seu cos físic a la vegada que sentia un soroll fort com l'esclat d'un potent tro, seguit d'unes emanacions de fum en l'atmosfera, enmig de les quals albirà la figura d'Amma, vestida amb les robes virolades del Devi bhava. Aquesta figura imponent d'Amma li va provocar alhora temor i reverència. Durant uns minuts va contemplar aquesta meravellosa visió, incapaç de moure un dit ni d'obrir els ulls.

A la tarda del vint-i-vuit de gener del 1980, Xrikumar era a punt d'anar-se'n a casa dels seus pares quan Amma el va aturar i li va dir: "Avui queda't aquí i no vagis enlloc." Ell mateix ens explica: " Em vaig alegrar de sentir aquestes paraules i no em vaig moure de l'àixram. Al voltant de les sis de la tarda jo era a fora amb més gent quan de sobte vaig sentir una mossegada a la cama i vaig cridar del mal que em feia. Aleshores Amma va venir immediatament, mirà la ferida i va començar a xuclar la sang i el verí de la mossegada. Malgrat tot, el dolor se'm feia insuportable. En veure que em recargolava del mal que em feia, la Mare va intentar alleujar-me aquest dolor. Finalment, i davant la insistència d'algunes persones, Amma va deixar que em portessin a un metge especialista en mossegades de serps. El metge va dir: "La serp que t'ha mossegat és molt verinosa, però curiosament el verí no ha infectat ni el teu cos ni la teva sang."

Cap a les tres de la matinada i acompanyat de les atencions i l'amor de la Mare, vaig adormir-me. Aleshores Ella se'n va anar a descansar.

L'endemà la Mare em va dir: "Fill meu, a qualsevol lloc que haguessis estat t'hauria mossegat una serp. Ara bé, com que ha passat en la presència d'Amma, no ha tingut conseqüències greus. És per això que la Mare et va dir que no et moguessis d'aquí."

Després d'aquests fets vaig anar a casa meva i en llegir l'horòscop vaig quedar ben sorprès. Hi deia: "A l'edat de vint-i-dos anys hi ha moltes probabilitats de ser víctima d'un enverinament. És recomanable fer alguns rituals especials i també ofrenes per tal de preservar la bona salut."

Per la gràcia d'Amma, Xrikumar va tenir diverses experiències espirituals, les quals li varen servir com una font d'inspiració per continuar la seva sàdhana cada vegada amb més entusiasme. Després de fer algunes gestions necessàries per al benestar dels seus pares i la seva germana, va tornar a l'àixram per quedar-s'hi definitivament.

Ramakrixnan (Suami Ramakrixnananda Puri)

Ramakrixnan era fill d'una família brahmana de Palghat, a l'estat de Kérala. El 1978 treballava a l'State Bank of Travankore i va sentir parlar d'Amma a un amic seu. Un vespre va anar amb aquell amic a veure-la. Si bé havia nascut i havia estat educat en el si d'una família molt tradicional, Ramakrixnan havia estat influït per certs estudiants del seu col·legi i per altres companys no gaire recomanables, de tal manera que la seva vida havia fet un tomb no gaire bo.

Així que va veure la Mare, es va posar a plorar. Tota la seva negativitat interior es va fondre i suavitzar amb aquelles sinceres llàgrimes purificadores. A partir d'aleshores assistia a tots els dàrxans que podia, per veure-la en la manifestació divina.

Plorava com un nen petit i li demanava la visió de Màdurai Minakxi, la seva benvolguda divinitat. De vegades patia tant per no obtenir-ne la visió que decidia dejunar. Aleshores Amma li peixia púding sense fer esment del dejuni. Amb el cap a la falda d'Amma durant el Devi bhava, plorava a llàgrima viva tot demanant-li: "Divina Mare, vindràs demà amb mi? Si més no, deixa'm escoltar la dringadissa de les teves campanetes." Gràcies a les seves súpliques sinceres va tenir la sort de rebre moltes visions de la seva benvolguda divinitat. En algunes ocasions sentia el dringar del braçalet de la Mare i en altres sentia que un perfum impregnava tot l'ambient.

Dos fets importants van inclinar Ramakrixnan a abandonar la seva vida mundana i consagrar-se a una vida espiritual. El primer, quan va rebre la iniciació d'Amma, moment en el qual va experimentar un poder extraordinari que Ella li va transmetre, i va significar un canvi radical de les seves idees sobre el sentit i l'objectiu de la vida.

El segon fet és el següent: Amma li va ensenyar una fotografia de Xri Ramakrixna Pramahansa tot dient-li: "Tots dos us dieu igual, però tu qui ets al seu costat?" Aquestes paraules van penetrar en el fons del seu cor com un llampec i varen afirmar el seu desig d'esdevenir un veritable aspirant espiritual.

Una tarda d'estiu, Ramakrixnan va anar al darxan d'Amma durant el Devi bhava. A l'interior del temple feia molta calor i Amma va demanar-li si la podia ventar. Ell va dubtar perquè hi havia un grup de noies joves a la porta del temple. Va pensar interiorment: "Si veuen un jove com jo, empleat de banca, fent aire a una dona, es riuran de mi." I no ho va fer.

Però en sortir del temple, després del darxan, es va donar un cop molt fort al cap amb la fusta de la llinda de damunt la porta. En veure-ho, tot el grup de noies es va fer un tip de riure. Ramakrixnan va empal·lidir i es va sentir molt avergonyit.

Quan va anar al darxan de l'endemà, Amma el va cridar i li va dir:

"Ahir no vas voler ventar-me tot i que t'ho vaig demanar. Aleshores vaig pensar que fóra bo que fessis riure una estona totes aquelles senyoretes." A partir d'aquell dia Ramakrixnan la ventava sense que li ho demanés.

En aquells dies el banc va traslladar Ramakrixnan a una sucursal a uns cent quilòmetres de l'àixram. Era l'encarregat de la clau de la caixa forta i havia d'arribar a les deu en punt del matí. Un dilluns de bon matí, després del darxan de la nit del diumenge, Ramakrixnan va agafar un autobús i va baixar equivocadament en una parada situada a uns tretze quilòmetres de l'oficina bancària. En preguntar per un altre autobús li varen contestar que no n'hi havia cap fins a les deu del matí. Va intentar agafar un taxi però no n'hi havia cap de disponible. Preocupat i enfadat alhora, va cridar: "Amma!" Al cap d'uns moments es va aturar al seu davant un home amb una moto, que malgrat no conèixer-lo de res, li va dir: "Vaig a Pampakuda (la població on treballava Ramakrixnan). No hi ha cap autobús fins a les deu. Si voleu us hi puc dur." Ell va acceptar agraït l'oferiment i va pujar al seient del darrere. Van arribar al poble i Ramakrixnan va entrar al banc just al punt de les deu. Quan, més endavant, li va preguntar sobre aquest fet, la Mare li va dir: "N'hi ha prou amb una crida, si es fa amb concentració. Déu et sentirà."

El 1981 Ramakrixnan va tenir una experiència colpidora que va ser una bona lliçó d'obediència al Mestre espiritual. Per por que Ramakrixnan esdevingués monjo si romania molt de temps a l'àixram, els seus pares varen fer mans i mànigues per traslladar-lo a un poble prop de casa seva. Finalment, a causa de la pressió constant de la família, va fer una sol·licitud de trasllat sense demanar parer o permís a Amma. Pocs dies després va canviar d'idea i envià una segona carta a les autoritats del banc per tal d'anul·lar la petició anterior.

Un bon dia Amma el va advertir: "Caldria que verifiquessis la segona carta que vas enviar. Sembla ser que no ha arribat." Ramakrixnan contestà: "No cal, Mare. Segurament que ja l'han rebuda i l'han acceptada." Malgrat que Amma va insistir diverses vegades, ell no li va fer cas.

Poc temps després Ramakrixnan va rebre de la seu central del banc, a Trivàndrum, l'ordre de trasllat. De pressa i corrents va intentar anul·lar el trasllat però ja era massa tard. Tal com havia predit Amma, no havien rebut la segona carta que anul·lava la primera sol·licitud. S'havia perdut. Així va ser com Ramakrixnan va aprendre una amorosa lliçó: "Les paraules del guru, fins i tot les més insignificants, sempre s'han de prendre seriosament."

Un dia, al bell mig d'una conversa, la Mare es va girar cap a Ramakrixnan i, arrugant el front, li va dir: " N'hi ha alguns que encara miren les noies tot i ser renunciants." Ramakrixnan li preguntà: "Voleu dir? Qui són?" "Tu!", va respondre la Mare. Ramakrixnan es va quedar ben parat. "Jo? Jo mai me les miro, les dones! M'estàs renyant per una falta que no he comès", va afirmar.

Tot seguit, Amma va pronunciar el nom d'una dona prou coneguda per Ramakrixnan i va començar a explicar detalls com ara el nom del seu marit, els noms dels seus fills i també els d'altres familiars. Ramakrixnan es va quedar bocabadat en sentir aquestes descripcions tan exactes i els detalls de les anades i vingudes d'una dona completament desconeguda per a la Mare. Ella li va tornar a preguntar: "Ep! Ramakrixnan, digues la veritat ! No te la mires cada dia?"

Ramakrixnan va restar silenciós. Era ben cert que se la mirava cada dia, però, sabeu per què? Doncs, perquè físicament s'assemblava molt a Amma. En veure-la es pensava que veia la Mare en persona. Quan Amma es va adonar que Ramakrixnan es quedava sense paraules i amb el cap cot, va esclafir a riure. No cal dir que a partir d'aquell moment no se la va mirar mai més.

Aquest incident ens mostra amb quina atenció Amma observa els moviments interns i externs dels seus fills espirituals i els corregeix de manera adequada.

Abans que l'àixram fos enregistrat oficialment com a institució caritativa, només es permetia de restar-hi a unes quantes persones. En aquell temps no hi havia mitjans econòmics per satisfer les necessitats de gaire gent. Alguns brahmatxaris que havien deixat les seves feines anaven a demanar ajuda a Ramakrixnan per poder menjar i vestir-se. Com que ell encara treballava, podia ajudar-los i ho feia fins i tot abans que li ho demanessin.

Als inicis de l'àixram, Ramakrixnan sentia que Amma tenia dues personalitats diferenciades: una era el seu ésser habitual i l'altra l'Ésser Diví durant les manifestacions del Bhava darxan. Aquesta idea creava confusió al seu esperit i fins i tot de vegades se'n sentia aclaparat. Finalment es va adreçar a Amma per tal que el beneís i l'ajudés a esbrinar el seu dubte. Una nit va tenir una visió de la Santa Mare en la seva forma habitual però vestida de blanc. Aquest fet va passar molt abans que Ella comencés a vestir-se d'aquest color. Ramakrixnan va comprendre que Amma era la mateixa persona independentment del seu aspecte exterior.

La fe de Ramakrixnan en Amma es va anar fent més profunda i la seva ment es va anar fixant de mica en mica en la seva forma i en els seus noms divins. Aquest estat d'interiorització li va portar un munt de problemes a la feina. A vegades s'equivocava mentre comptava diners, o bé feia errors en verificar anotacions de caixa. El 1982 va anar a viure a l'àixram i també continuava fent la feina del banc. Més endavant, el 1984, va deixar de treballar a l'oficina bancària i es va establir definitivament a l'àixram.

Rao (Suami Amritatmananda Puri)

Rameix Rao va néixer en una família brahmana molt rica de Haripad, a Kérala. Va créixer com un jove modern, gaudint dels plaers mundans i fent una vida força frívola. Malgrat el seu estil de vida, anava sovint a un temple de Devi prop de casa seva per resar i demanar perdó pels seus mals hàbits. Abans de començar algun projecte, fos de la mena que fos, anava al temple a demanar la benedicció de la Mare Divina.

Vet aquí que un bon dia un amic seu el va convidar a anar a veure Amma, però ell no va acceptar la invitació. Amb tot, més endavant, quan va voler anar a treballar a l'estranger, va decidir visitar l'àixram per preguntar sobre els seus projectes de futur, ja que havia sentit dir que Amma tenia poders divins i podia predir els esdeveniments. El juny del 1979 va entrar al temple i s'acostà a la Mare durant el Krixna bhava. Abans que obrís la boca, Amma li va dir: "Fill meu, ja veig que vols travessar l'oceà. Si aquest és el teu desig, Amma t'ajudarà. No et preocupis."

Des d'aquesta primera trobada Rameix va quedar ben convençut de la divinitat d'Amma i s'hi va sentir unit per un profund sentiment d'amor diví. En tornar a casa seva, intentà concentrar-se en el negoci tèxtil que havia heretat del seu pare, però tot va ser en va, perquè a la seva ment només hi havia Amma. A vegades tenia un desig tan intens de veure-la que fins i tot tancava la botiga i se n'anava a corre cuita a l'àixram. Un dia, en demanar-li permís per tornar a casa seva, la Mare li va contestar: " Però, on vas fill meu? Que no veus que estàs destinat a viure aquí?"

Una nit va tenir un somni: "Era l'hora de la dissolució final de l'univers i plovia boles de foc pertot arreu. Les ones de l'oceà s'alçaven cap al cel tot amenaçant d'inundar la terra. Va cridar amb tota la seva força: "Amma!" Tot d'una va sorgir de l'oceà esvalotat una llum encegadora que ho inundà tot. Enmig de la resplendor va aparèixer l'encantadora imatge de la deessa Durga, vestida

229

amb un sari de seda vermella, asseguda damunt d'un lleó ferotge. Amb cada una de les seves vuit mans brandava una arma divina. Rameix va quedar-se astorat en veure que la cara compassiva de la deessa era el rostre d'Amma. Ella el consolà tot dient-li: "Per què tens por, si sóc aquí amb tu? Tu ets el meu fill. No en tinguis pas, de por!" Posteriorment va somiar sovint amb Amma.

Gràcies al contacte freqüent amb la Mare, Rameix va desenvolupar un fort desig de realitzar Déu i l'anhel de viure permanentment en presència d'Amma. Un dia que era amb ella, va viure una experiència que encara va encendre més la flama de la seva aspiració. Eren les quatre de la tarda i, com era habitual, va anar a visitar Amma, que en aquells moments era al temple. Va entrar, es va prostrar davant d'Ella i va seure al Seu costat. De cop i volta, mentre contemplava el Seu rostre lluminós, l'atmosfera del temple va canviar i el món de la pluralitat va desaparèixer, i restà únicament la presència d'Amma. Va sentir que era com un nen de dos anys i la seva mare era Amma. Sadollat d'amor diví, s'oblidà de tota altra cosa mundana. Amma va col·locar amorosament el seu cap sobre la seva falda. En veure que estava submergit en la beatitud interior, li va aixecar lleugerament el cap i demanà a dos devots que l'estiressin a terra. A les nou del vespre, en tornar al temple, encara el va trobar estirat a terra. Només quan la Mare el va cridar: "Fill meu!", va tornar al seu estat normal de consciència.

Després d'aquest fet la vida de Rameix va fer un gir radical. El seu desig de veure Amma es va incrementar encara més. Deixà d'interessar-se per les coses mundanes, fins i tot va abandonar la feina de la botiga. Cada vegada sovintejava més l'àixram i s'hi quedava dies i setmanes senceres. Aquest canvi va sobtar la seva família, que es va esforçar tant com va poder perquè tornés a fer una vida normal i fins i tot intentaren de persuadir-lo perquè es casés. Però els seus intents varen fracassar. Un dia, Amma li va dir: "Els teus pares volen veure't. Vés a casa teva i demana'ls permís per quedar-te aquí." Rameix li digué: "Mare, que m'abandones? Segur que em crearan problemes." Ella li respondre: "L'home coratjós és aquell que pot vèncer tota mena de dificultats."

Amma el va enviar a casa seva acompanyat d'un resident de l'àixram. Els familiars varen retenir-lo per la força. De fet, pensaven que Amma l'havia influït utilitzant arts malèfiques. Per tal que el seu fill esdevingués un jove més mundà, iniciaren certs rituals específics per aconseguir-ho. Els seus pares volien que Rameix mengés una mena de ghi (mantega clarificada) preparada per un sacerdot que havia fet servir uns determinats mantres per aconseguir que el noi abandonés l'àixram i tornés a la vida anterior. Rameix va demanar consell a Amma sobre el ghi. Ella va dir-li: "Fill meu, menja-te'l. Si hi ha algun malefici, no en facis cas. Has vingut aquí per la teva inclinació espiritual. A una persona d'aquesta mena no li pot passar res de dolent encara que mengi aquest ghi." Obeint les paraules d'Amma, va menjar el gui i no li va passar res. La seva demanda de vida espiritual no va disminuir ni una mica. Aleshores la família va iniciar una nova tàctica encara més forta i inhumana. Varen suposar que aquest canvi sobtat de vida era fruit d'una anomalia mental o bé causat pel disgust de no haver aconseguit feina a l'estranger. Amb l'ajut dels seus amics, que també desaprovaven el nou comportament, el varen dur per la força a un psiquiatre perquè el tractés.

Rameix va dir al metge: "No sóc pas boig, jo només segueixo fidelment les paraules del meu guru. Vosaltres sí que esteu bojos per causa d'aquest món i, a més, intenteu imposar la vostra bogeria als altres."

Atenent la demanda de la família, el metge va sotmetre Rao a un tractament de deu dies. L'objectiu era desvetllar-li el desig per les coses mundanes. En acabar el tractament, varen enviar-lo tot seguit a Bhilai, a casa d'uns parents, pensant que un canvi d'aires l'ajudaria a recuperar el seu anterior estil de vida. A més, per acabar de reblar el clau, van intentar de trobar-li una noia per casar-lo.

En aquesta difícil situació, Rameix va escriure a la Mare: "Amma, de moment en els seus tèrbols paranys. Ara, si tu no em salves, me n'aniré amb la Mare Celestial. Em suïcidaré."

Després de deixar-lo un mes a Bhilai, la família va fer tornar Rao a casa. Estaven convençuts que ja havia renunciat al seu estil de vida espiritual i van esperonar-lo perquè continués el negoci tèxtil. Un dia, sense dir-ho a ningú, se'n va anar a visitar Amma i li va dir: "Amma, em moriré si m'abandones." Sense esperar la resposta de la Mare, Rao va decidir quedar-se a l'àixram. Durant la seva curta estada de tres dies, Amma el va advertir diverses vegades que la seva família li crearia nous obstacles. Fins i tot li va recomanar que tornés a casa seva i esperés que li donessin el consentiment per fer una vida espiritual. Tanmateix ell no li va fer cas i deia: "Si torno a casa no em deixaran fer les meves pràctiques espirituals." Durant aquests dies el pare de Rao va denunciar Amma dient que el seu fill era retingut contra la seva voluntat i demanava la intervenció de la policia. El tercer dia, el pare d'en Rao i altres familiars van anar a l'àixram amb una furgoneta plena de policies. Rao li va dir amb fermesa a l'oficial de l'escamot: "Ja sóc prou gran per triar la meva manera de viure i sóc ben lliure de decidir on visc." No van fer cas de les seves paraules, i els seus familiars, amb l'ajut de la policia, van decidir internar-lo en un hospital de malalts mentals a Trivàndrum. Durant el trajecte tothom va baixar a Kol lam a dinar. Rao no va voler menjar i es va quedar a la furgoneta. De sobte va sentir una veu interior que li deia: "Si ara t'escapes, et salvaràs. Si no ho fas, et destruiran." En aquell moment un rikxau (rickshaw: tricicle de motor que s'utilitza com a taxi) va passar pel seu davant i va pujar-hi sense dubtar ni un moment, li va dir al conductor on volia anar i que s'afanyés tant com pogués. No tenia ni un cèntim a la butxaca. En aquella època, un resident de l'àixram era a Kol lam per preparar la seva llicenciatura de filosofia. Rao li va explicar tota la situació i aquella mateixa nit, amb l'ajut d'uns devots, Rao va abandonar Kérala i se'n va anar a Bombai, a la missió de Txinmàia. Els seus familiars, en assabentar-se que era a Bombai, van intentar retenir-lo altra vegada. Per salvar la vida, Rao fugí a l'Himàlaia. No tenia prou diners per al bitllet del tren ni per menjar. A més, la roba que duia no era adequada per protegir-se del fred. En arribar a l'Himàlaia va anar d'un poble a l'altre com un rodamón. La roba se li va anar esparracant i el fornit jove va esdevenir un captaire que demanava menjar i meditava sota un arbre o arrecerat en una cova. Així van passar dies i mesos fins que un dia va rebre una carta de la Mare en una adreça que ell li havia donat, simplement li deia: 'Fill meu, torna. Ja s'han acabat els problemes.'

Rao va tornar a l'àixram. Aleshores Amma l'envià a visitar els seus pares, que havien rebut una bona lliçó. Semblava que havien canviat i que eren feliços en veure el seu fill altra vegada. Amb tot, van intentar novament retenir-lo. Aviat es van adonar que era inútil provar de convèncer-lo amb arguments hostils. Llavors van intentar-ho de forma gentil, però els seus esforços van ser inútils davant la ferma decisió i la llibertat interior de Rao. El vint-i-set d'agost del 1982 Rao es va unir a l'àixram com a resident permanent i des d'aquell dia ençà ha continuat la seva vida espiritual sense més esculls.

Nilu (Suami Paramatmananda Puri)

Neal Rosner va néixer a Xicago, als Estats Units d'Amèrica, l'any 1949. Gràcies als seus samskara anteriors i també al seu desvetllat discerniment, des de ben jovenet ja va ser conscient dels efectes bons i dolents de la vida mundana. Quan va arribar a l'Índia, ja tenia una personalitat lliure d'aferraments materials. Del 1968 al

1979 va estar-se a Tiruvànnamalai fent sàdhana. El 1979 va anar a Val·lickavu. Durant tot el viatge es va trobar malament i havia de restar estirat amb mal d'esquena i d'estómac, molt cansat, sense gota de fam i incapaç de seure o caminar.

Quan Nilu va trobar Amma per primera vegada en arribar a l'àixram no va experimentar res d'especial. Ara bé, l'endemà, durant la nit del Devi bhava, va sentir que una gran força espiritual entrava dins seu provinent del petit temple i l'omplia d'una pregona beatitud. Es va posar a plorar sense saber per què. Aquest plor l'alleujava dels dolors que feia tant de temps que sofria. Va entrar al temple i, en mirar els ulls d'Amma, va experimentar una profunda pau i beatitud interiors. En veure l'equanimitat de la Mare, la pau infinita que irradiava el Seu Ésser, aquella experiència divina el va convèncer que es tractava d'una jivan mukta (ànima alliberada). Per la gràcia divina d'Amma, va comprendre que manifestava la seva divinitat durant els bhava divins i la dissimulava la resta del temps. Transportat a un món de felicitat divina, demanà a Amma que li ensenyés el camí de la benaurança eterna i Ella va estar-hi d'acord. Un dia li demanà la seva benedicció per poder aconseguir una devoció pura vers Ella. Amma va riure com un infant i li va dir: " Però què puc fer jo? Només sóc una boja!" Aquest mateix dia, en finalitzar el Devi bhava, la Mare el va fer cridar. Nilu era al llindar de la porta esguardant-la. De cop i volta va observar la cara d'Amma que brillava i aquell fulgor va anar augmentant fins que tot va esdevenir pura llum. Tot va desaparèixer. No hi havia ni Amma, ni temple, ni entorn, ni món. Al lloc d'Amma hi resplendia una llum radiant. La llum es va expandir en totes direccions. Finalment ocupà tot l'espai. De mica en mica es va anar replegant en un punt de llum i finalment va desaparèixer. Nilu estava perplex. Va experimentar la presència d'Amma dins seu i assolí un estat en el qual un sol pensament de la forma lluminosa d'Amma el feia plorar. Després d'aquesta visió va estar quatre nits sense dormir, submergit en aquesta divina experiència. A més, sentia una fragància divina. Va decidir continuar la seva sàdhana a Val·lickavu i Amma hi va estar d'acord i li va oferir un mala de rudrakxes (espècie de rosari fet amb llavors sagrades), que durant molts anys va anar desprenent diferents aromes en moments diversos.

Sense altra medicació que el sankalpa (determinació) diví d'Amma, la seva salut va millorar considerablement. Ara podia seure, estar dret, caminar, menjar. etc. Va començar a sentir la presència constant d'Amma al seu interior alhora que gaudia de pau i benaurança.

Un dia va tenir un atac molt greu de tos incontrolable que li produïa un gran dolor. Durant el Krixna bhava, Amma li va col·locar les mans damunt el pit i el cap i altra vegada va veure la seva forma lluminosa. Va descobrir que aquella llum també era dins seu i es va sentir desidentificat del seu cos. Aquesta divina experiència embriagadora l'acompanyà molt temps. A partir d'aleshores els seus mals van disminuir.

Una tarda tenia tant mal de cap que no podia participar als bhajans. Jeia al llit de la seva habitació, amb els ulls tancats. De sobte, va veure al seu davant una resplendor que va desaparèixer de seguida. La va tornar a veure i va sentir la presència divina de la Mare. Immediatament li va passar el mal de cap i es va poder llevar i anar a participar dels bhajans.

Per la gràcia d'Amma va millorar la seva salut. Però encara era més extraordinari sentir la presència divina d'Amma i una constant sensació de pau i benaurança anés on anés. Aquest estat provenia de la seva estreta relació amb la Mare. Si abans, a Tiruvànnamalai, havia escollit jnyana marga (el camí del coneixement) ara preferia bhakti marga (camí de la devoció). "És la benedicció que he rebut d'Amma", diu ell. Nilu afirma que, si no hagués seguit pràctiques espirituals intenses durant molts anys, no hauria estat mai capaç, per ell mateix, de comprendre o assimilar els consells espirituals d'Amma. Nilu creu fermament que només amb la benedicció de la Mare es pot aconseguir atènyer l'autèntic objectiu de la vida.

Durant els primers anys, l'àixram tenia problemes econòmics. Alguns van expressar les seves preocupacions a la Mare. "Com farem funcionar l'àixram?" Amma respongué: "Que ningú es preocupi per això. Ben aviat arribarà la persona que es farà càrrec de l'economia." I Nilu va assumir la responsabilitat de les finances de l'àixram. Va servir la Mare de tot cor atenent els detalls més insignificants amb paciència i xraddha (fe).

Sàumia (Suàmini Krixnàmrita Prana)

Sàumia va anar per primera vegada a l'àixram l'any 1982. Va néixer a Austràlia, on ja s'havia interessat per la vida espiritual, de manera que havia viscut durant uns mesos en un àixram abans d'anar a l'Índia, on residí a l'àixram mare de la seva comunitat, prop de Bombai. Un dia hi va conèixer un devot d'Amma que estava estudiant a la missió de Txinmàia i aquest li va parlar molt de la Mare i de la seva pròpia experiència amb Ella. També li va dir que la veia com un infant d'Amma i que, si l'anava a veure, segur que voldria viure al seu costat. Justament això és el que va passar. Després d'haver estat en una comunitat de milers de persones, la majoria occidentals, l'entorn d'Amma, un àixram reduït on en aquell moment només vivien catorze persones en petites cabanes cobertes amb fulles de palmera, va produir en Sàumia un xoc profund i deliciós.

Amma havia rebut una carta del devot, on aquell l'informava de la visita de Sàumia. Així que va arribar, Amma va sortir de la cabana i la va abraçar. Sàumia va quedar impressionada per l'amor i la tendresa que la Mare li mostrava. A l'àixram on vivia, el devot només podia prostrar-se davant del guru i tocar-li les sandàlies, mantenint sempre una gran distància. Però Amma abraçava els seus devots amb un amor i una compassió que Sàumia no hauria pogut imaginar que existia.

"En aquell temps, a vegades Amma es comportava com si fos una nena boja, rodolava per la sorra o menjava coses que collia de terra. Sovint entrava en samadhi mentre cantava bhajans o donava darxan als visitants. Amma vivia senzillament, oferint tot el seu temps a Déu i a la gent, cada moment del dia, sense guardar-se'n gens per a Ella. Seia a la sorra, plena d'amor diví, plorant per Déu i cantant-ne lloances tothora. Déu era el seu únic interès, i quan no s'hi trobava immersa, ens estimava, estimava tothom. No podia pas dissimular aquest amor que li sortia per tots els porus de la pell."

Abans de trobar-se amb Amma, Sàumia pensava que en un futur formaria una família i també viatjaria molt, però, de sobte, tots aquests desigs van desaparèixer. Amma havia dit que l'única finalitat d'aquest naixement humà era realitzar Déu. Sàumia va comprendre que no podria tornar a viure a Occident i fer veure que aquella era una vida real. Va decidir que Amma fos el seu guru i va escollir viure al seu costat seguint les seves ensenyances.

Al cap d'uns dies de la seva arribada, Amma li va demanar si podia atendre-la regularment durant els Bhava darxan. Va ser un gran honor i una joia constant, si bé també tenia dificultats pel fet de no parlar malaiàlam. Una de les seves tasques era eixugar la cara de la Mare durant el Devi bhava. Si bé el cos d'Amma mai no sua, de vegades la cara li queda humida de la suor dels devots, ja que al temple, sempre ple de gom a gom, hi fa una calor sufocant. Amma desitjava pel bé dels devots que li eixuguin el rostre entre persona i persona que rep el darxan.

Sovint Sàumia sentia un gran respecte pel fet d'eixugar la cara de la Mare Divina de l'Univers amb una tovalloleta, però no tenia alternativa, ja que en aquell temps Amma no s'eixugava mai Ella mateixa.

A vegades Devi Amma se li apareixia a Sàumia en somnis, mirant-la de fit a fit mentre dormia i demanant-li que li eixugués el rostre. Aquests somnis semblaven tan reals que Sàumia fins i tot es llevava per anar a buscar una tovalloleta i se sentia culpable d'haver-se adormit. Un dia, la noia amb qui compartia l'habitació li va preguntar què feia a les fosques en plena nit.

Quan per fi es despertava i s'adonava que era de nit, que el Devi Bhava s'havia acabat, i que tot plegat era un somni, demanava perdó a Amma per estar dormint, però quina altra cosa podia fer? Aquests somnis es produïen com a mínim una vegada cada setmana i a vegades fins a tres cops i van durar anys abans no van desaparèixer.

Quan va conèixer Amma, volia aprendre a fer una vida espiritual, desenganyada de la impermanència de la felicitat que produeixen les coses del món. En els primers anys de l'àixram, Amma acostumava a parlar del servei, però Sàumia no ho sentia com un afer propi. Els anys van anar passant i Amma parlava més i més del servei. De mica en mica, el desig de servir el món va anar creixent en el cor de Sàumia com una petita llavor que Amma havia plantat amb molt d'amor i molta cura. Ara, responent al desig més intens del seu cor, la seva pregària és: "Amma, dóna'm la força i la puresa que em permetin de servir el món"

Madhu (Suami Premananda Puri)

Madhu va néixer a l'illa de la Reunió (colònia francesa), si bé és d'origen indi, i des de la infantesa volia ser *sanniassin*.

Va arribar a l'Índia el 1976 i va anar a l'àixram de Ramakrixna. Va demanar al Suami Vireixuarànanda de Belur Math si podia anar a l'Himàlaia per seguir una sàdhana, però Suamiji li va proposar d'anar al sud de l'Índia, que li aniria més bé. Seguint les seves instruccions, Madhu se n'anà a fer les seves pràctiques espirituals a Arunàtxala. Allà un devot li va dir: "Sembles un devot de Kali. Kali és a Vallickvu. Ves a veure-la."

Així fou com va anar a l'àixram l'u de juny del 1980, un dia de Bhava darxan. Des de l'interior del vell temple, Amma li va dir a Gàiatri: "El meu fill Madhu s'espera a fora, vés a buscar-lo i digues-li que vingui." Quan va entrar i va veure la Mare es va posar a plorar. Ella li va dir: "Fa molt de temps que t'espero."

L'endemà, Amma tenia a la mà una fotografia de Vireixua-rànanda i va preguntar a tothom si sabien qui era aquell Suami. Madhu, assegut a vora seu, va respondre: "És Vireixuaranàndaji." "És un bon home", va dir-li Ella. Després Amma li va revelar que l'havia vist mentre meditava. Quina bona intuïció havia tingut el Suami d'enviar Madhu a l'Índia del sud! Durant el Devi bhava li va donar el *mantra dikxa* (iniciació).

El 1982 Madhu va celebrar l'aniversari d'Amma a la Reunió. Va crear un annex del Mata Amritanandamayi Math a la seva illa natal i es dedicà a propagar el Sanàtana dharma, la religió eterna de l'Índia. Madhu era un sàdhak sincer, humil, treballador, compassiu i amb un coneixement profund. El vint-i-quatre de febrer de 1985 Madhu va rebre el bramatxari dikxa i va esdevenir, sota les instruccions d'Amma, Prematma Txaitània. Madhu va demostrar la seva lleialtat vers Amma dient: "Amma ha fet de mi el que sóc ara. Si no l'hagués trobada, certament hauria fet una vida ordinària. És tan sols per la gràcia d'Amma que puc seguir el camí de la renúncia. Molt més que la capacitat individual és la gràcia del guru el que importa per al progrés espiritual."

Capítol 13

Amma com a mestra espiritual

Qui és la persona que per a vosaltres encarna la perfecció? Si aquesta pregunta la fem a un jove d'avui dia, segurament ens dirà que l'ideal és una persona ben plantada, amb influència, milionària, o potser un líder polític amb molt de poder, o ens podria citar algun nom d'un actor de cinema o d'algun esportista. És una veritable llàstima que avui en dia els joves no puguin imaginar-se una societat sense pel·lícules, polítics o novel·les romàntiques, que són per a ells necessitats vitals. Però tot això ¿ens permet de bastir la nostra vida o forjar el nostre caràcter? Què és el que fa gràcil i perfecte l'ésser humà? Què dóna encant i noblesa a les accions?

Quin és el factor que converteix un ésser en immortal i digne d'admiració? És potser alguna de les coses que acabem d'esmentar? Una persona madura i amb discerniment dirà ben segur: "No, de cap manera." I doncs, què és? Per dir-ho breument, és la integració de les virtuts interiors que es manifestaran com a qualitats eternes de l'ésser en l'individu complet. Això és el que podem experimentar en la presència de Mata Amritanandamayi, la bella unió de l'amor incondicional i la joia.

Gent ben diversa parla d'Amma cadascú a la seva manera, segons el seu nivell de comprensió i maduresa espiritual. Per exemple, si pregunteu qui és Mata Amritanandamayi a una persona amb una ment superficial us dirà: "És una dona extraordinària que pot guarir malalties terribles només mirant o tocant el malalt." O també podria dir: "Pot solucionar els teus problemes materials i fer que els teus desigs es facin realitat." Si la mateixa pregunta

241

la formulem a una persona d'intel·lecte més subtil, ens dirà: "Amma és realment increïble. Pot atorgar-nos poders psíquics. És una mestra de la telepatia i la clarividència. Pot transformar l'aigua en pantxàmritam (púding ensucrat) i llet. Domina els vuit poders místics, etc." Ara bé, la resposta d'un veritable aspirant espiritual a la mateixa pregunta serà: "Amma és l'objectiu final de tot cercador. Ella aporta inspiració, ajuda els buscadors sincers a travessar l'oceà eternament canviant de la transmigració. La seva naturalesa és amor i compassió. Encarna les veritats dels Vedes i de tots els textos religiosos del món. Si ens refugiem als seus peus, segur que som ben a la vora de l'objectiu. És una Mestra perfecta i alhora una gran Mare."

Des del punt de vista d'una persona que segueix el camí de la devoció (bhakti ioga), Amma és la devota per excel·lència. En Amma es poden veure tots els aspectes de la Devoció suprema àmpliament manifestats. Qui segueix el camí del coneixement (jnyana ioga), en observar Amma percep la perfecta coneixedora de l'Ésser en les seves paraules i en els seus fets. Per qui segueix amb sinceritat el camí de l'acció (karma ioga), la Mare és insuperable entre els karma ioguis. Ara bé, totes aquestes perspectives són parcials en funció de les limitades experiències i la comprensió de cadascú, però amb una estreta relació amb la Mare i per mitjà d'una observació sense prejudicis es pot copsar que Amma és la integració de tots aquests aspectes.

Hi ha un proverbi en malaiàlam que diu: "Sigues pacient com la terra." La nostra Mare Terra ho suporta tot, la gent la trepitja, hi escup, la llaura, l'esgarrinxa per dins per conrear-la o amb altres finalitats; fins i tot s'hi construeixen centenars d'edificis de gran alçada; i tot ho suporta amb paciència. No es queixa mai, no menysprea ningú, serveix i alimenta tothom de la millor manera possible. Així mateix, Amma ens demostra una paciència infinita a l'hora de remodelar el caràcter dels seus fills. Espera amb tota la paciència del món que els seus deixebles madurin tant com calgui per acceptar una disciplina. Fins aleshores, els acull i amb el seu infinit amor desinteressat els perdona una i altra vegada els errors.

Si estudiem amb atenció la línia successòria dels antics sants i savis de l'Índia, podrem observar que els mitjans que han utilitzat per transmetre coneixements als seus deixebles passen per una relació molt especial entre el guru i el deixeble, que no es veu enlloc més. Amma ens diu:

"Al començament un satguru (mestre perfecte) no dóna instruccions estrictes al deixeble, simplement l'estima i aquest amor incondicional estableix un lligam entre ambdós. Gràcies a l'impacte d'aquest amor, el deixeble adquireix una certa maduresa i, quan arriba el moment propici, el guru actua sobre les seves vàssanes o tendències mentals. De mica en mica, amb unes instruccions cada vegada més estrictes, però sempre amoroses, el guru disciplinarà i remodelarà la personalitat del deixeble. En una veritable relació entre guru i deixeble serà difícil de distingir l'un de l'altre, ja que el guru serà més humil que el deixeble i el deixeble més humil que el guru."

Al principi, el guru, a més de mostrar un gran amor pel deixeble, podrà actuar fins a cert punt en funció de les fantasies i desigs que ell tingui, però quan percep que el deixeble té un mínim grau de maduresa per iniciar un treball espiritual, aleshores comença a disciplinar-lo de mica en mica. A partir d'aquest moment, tot i que estima el deixeble com el seu propi fill o filla, no li demostra el seu gran amor. L'objectiu és que arribi a la descoberta del seu "Ésser pur." Per dir-ho d'una altra manera, la disciplina que imposa el guru és l'expressió del seu propi amor. De fet aquest és l'amor autèntic, el que transforma el deixeble en una joia pura. Pel que fa a la tasca d'assenyalar i corregir els defectes dels seus fills, Amma ens diu:

"Jo sóc com una jardinera. El jardí és ple a vessar de flors de molts colors. No m'han dit que únicament tingués cura de les flors perfectes, ans se m'ha demanat que les protegeixi dels insectes i dels cucs que les malmeten. Potser per treure els insectes hauré de pessigar els pètals i les fulles i això fa mal, però és necessari per preservar la salut de les plantes. De la mateixa manera, Amma treballarà les febleses dels seus fills. El procés és dolorós però és per al seu bé. Els aspectes virtuosos no necessiten atenció, però sí que cal eliminar les febleses o, si no, es destruirien les virtuts. Fills meus, potser a vegades pensareu que Amma està enfadada amb vosaltres. Res més lluny de la veritat. Us estima més del que ningú pugui estimar-vos i és per això que fa totes aquestes coses. Amma no vol sinó el vostre progrés espiritual."

No veureu mai Amma asseguda en un tron ordenant als seus fills espirituals que facin això o allò. Ella instrueix i alhora dóna exemple amb les seves accions. La humilitat i la simplicitat són les marques de la grandesa i Amma n'és un exemple vivent. Ella és la més humil entre els humils i la més senzilla entre els senzills. Parlant d'Ella mateixa diu:

"Sóc una serventa de servents, aquesta vida és per als altres. La felicitat dels seus fills és la riquesa i la felicitat d'Amma."

El mètode per enderrocar l'ego i altres tendències negatives dels seus fills és meravellós. És una guerrera invencible. Ella mateixa prepara el terreny per provar la maduresa i el progrés dels seus fills creant la situació adequada. Sense que el deixeble en tingui consciència, el porta al terreny idoni i abans que ell pugui veure la gravetat de la situació ja li han eixit tots els enemics interns i l'intel·lecte discriminador deixa pas a la ment emocional. Just en aquest moment aprofita l'avinentesa per eliminar l'egoisme dels seus fills. Les seves armes poderoses aconsegueixen sempre l'objectiu i de mica en mica les tendències negatives de tots aquells que cerquen la seva ajuda espiritual es van debilitant fins que perden la força.

L'anècdota que segueix n'és un bon exemple. Un dia, ja fa uns quants anys, el brahmatxari Nilu (Suami Paramatmananda) va portar una màquina d'escriure de Tiruvànnamalai, la ciutat on havia residit abans de viure a l'àixram. Balu (Sami Amritasua-rupananda), tot i que mai no n'havia fet servir cap, va agafar un full de paper i per passar l'estona va començar a escriure: "Amma, fes-me el teu esclau." Amma estava asseguda allà a prop parlant amb Nilu i de sobte es va girar cap a Balu i li va preguntar: "Fill meu, què escrius?" Aleshores Balu va traduir al malaiàlam la frase que havia escrit. Amma no va comentar res i va continuar parlant amb Nilu.

Al cap d'un quart d'hora aproximadament, Amma li va dir a Nilu: "Enviaré Balu a l'estranger." Balu, en sentir aquestes paraules, va tenir un fort ensurt perquè havia renunciat a dues feines per quedar-se a viure per sempre prop de la Mare. "Amma, què has dit?", preguntà tot angoixat. "Necessitem diners per tirar endavant l'àixram. Cada vegada hi ha més residents i no hi ha prou ingressos per fer front a totes les despeses. Així que hauràs d'anar a treballar", li va contestar Amma. No va caldre que Balu sentís res més perquè tots els enemics interns es mobilitzessin i va contestar impetuosament: "No. Jo no vull treballar. Jo no me'n vull anar d'aquí. He vingut per quedar-me amb Amma i no per treballar al món i guanyar diners." Amb tot, Amma va continuar insistint fins que el va treure de polleguera i totes les seves tendències negatives van sortir a flor de pell.

Fou aleshores que, amb veu dolça, li va dir:"Fill meu, què has escrit en el paper fa uns moments? Si realment vols esdevenir un servidor de Déu cal que abandonis als seus peus tot el que creus que és teu. Si la ment no és pura, Déu no farà estada al teu cor. Esdevenir servent de Déu vol dir acceptar totes les experiències

245

tant si són bones com si són dolentes, favorables o desfavorables, amb ment equilibrada. Cal veure-ho tot com la voluntat de Déu. Fill meu, jo no vull pas els teus diners. Quan et veig plorant per Déu el meu cor vessa d'amor per tu." Després de dir l'última paraula va quedar absorta en un estat diví, les llàgrimes li rodolaven galtes avall i el seu cos va quedar immòbil. Va romandre en aquest estat durant una hora i després retornà al pla físic de consciència.

Ple de remordiment, Balu es deixà anar als peus d'Amma suplicant-li que el perdonés: "Mare, si us plau, purifica el meu cor. Lleva'm tots els pensaments i les accions impures. Fes que jo sigui un instrument perfecte en les teves mans." Amma va consolar-lo dient-li: "No et preocupis, fill meu. Has vingut aquí per estar amb Amma i ara és la seva responsabilitat tenir cura de tu i fer-te perfecte." En escoltar aquestes paraules Balu es va sentir ple de pau i joia.

Un bon dia Amma va dir:

"Fills meus, vosaltres sou feliços si em veieu amb el somriure a la cara. Ara bé, si dic alguna cosa que va contra els vostres desigs, penseu que no us estimo prou. Però no es tracta pas d'això. El que intento és fer-vos forts. Per aconseguir la força espiritual cal eliminar tota feblesa de la ment. És només per aquest motiu que Amma mostra a vegades enuig i així facilita el vostre aprenentatge. Imagineu-vos per exemple una vaca que s'afarta de fulles tendres d'un plataner. No n'hi ha prou de dir-li: 'Benvolguda vaca, no en mengis tantes, de fulles tendres. perquè la planta es morirà.' Ben segur que la vaca no es mourà ni un pam. Ara bé, si agafeu un bastó i li crideu: 'Fuig! Fuig!', la vaca se n'anirà immediatament. L'enuig d'Amma és semblant. Fills meus, Amma no s'enfada mai amb vosaltres. Recordeu sempre que Amma no té motius egoistes i actua només per al vostre progrés espiritual. Si sempre us mostrés amor i afecte no faríeu mai el gest de mirar a l'interior per tal de descobrir el veritable Ésser. Fills meus, la persona que viu al món en té prou amb tenir cura de la seva família, però un aspirant espiritual haurà de carregar el farcell del món sencer. Així doncs, caldrà que us feu forts."

Un dia, després del darxan habitual, Amma va anar a descansar vers les quatre de la matinada. Entrà en la seva cabana i tancà la porta per anar a dormir. Com de costum, un resident de l'àixram es va col·locar davant de la porta per assegurar-se que ningú no aniria a molestar-la. Però just en aquell moment una dona jove, que havia perdut l'autobús i venia caminant des de Kol·lam, a trenta-cinc quilòmetres de l'àixram, acabava d'arribar per rebre la benedicció d'Amma. Quan va assabentar-se que Amma dormia, va quedar molt decebuda. Però amb una espurna d'esperança va cridar un parell de vegades en veu alta el nom de la Mare. En sentir els crits, el resident que era davant la porta es va alçar per fer callar la jove i li va indicar que marxés i no molestés més. En aquell precís moment, Amma, que s'havia adonat del que passava, va obrir la porta i sortí a rebre la devota. Li va parlar afectuosament i la va consolar tot assegurant-li que els seus problemes es solucionarien.

Seguidament es va girar cap a la persona que dormia davant de la porta i amb un to molt seriós li va dir:

"Jo no sóc pas aquí per reposar confortablement, sinó per servir els altres i alleujar-ne els sofriments. La seva felicitat és també la meva i no vull que ningú em serveixi. Sóc aquí per servir a tothom i cal que sigui lliure per rebre qui sigui a qualsevol hora. No permetré que ningú em privi de rebre els devots que vénen aquí a buscar consol i ajuda. Pots imaginar-te la gran dificultat que tenen per venir a l'àixram amb els seus pocs estalvis només per poder obrir-me el seu cor adolorit? Si repeteixes aquesta conducta rude i m'intentes imposar regles per rebre els devots només a certes hores dissoldré aquesta organització. Jo no vull un centre si no és

per servir la humanitat sofrent. L'objectiu d'un centre espiritual ha de ser servir."

I va prohibir en aquell aixramita i a tots els altres residents que a partir d'aquell moment dormissin davant la porta de la seva cabana.

En una altra ocasió, una dona malalta que havia vingut a buscar consell va vomitar damunt del vestit de la Mare. Una de les joves residents que tenia cura personal d'Amma va agafar amb un bastó la roba bruta per dur-la a la bugaderia. Veient aquest fet, Amma va renyar la noia tot dient:

"Si no pots veure Déu en tota cosa i servir a tothom de la mateixa manera, llavors què hi fa haver meditat i prestat servei durant tants anys? Hi ha alguna diferència entre jo i aquesta dona malalta ?"

Aleshores Ella mateixa va agafar la roba, la va rentar i va prohibir a la jove d'atendre-la durant uns quants dies.

La simple presència de la Santa Mare és una font d'inspiració per als devots. Ella els pot transmetre l'entusiasme i la força per fer qualsevol cosa en qualsevol moment. Si, per exemple, hi ha una feina a l'àixram de traslladar maons, sorra o algun altre material de construcció, buidar la fossa sèptica, netejar els espais de l'àixram o ajudar els paletes en una feina concreta, etc., els residents s'afanyen a buscar devots per tal que hi col·laborin. A vegades són les tres o les quatre de la matinada quan s'acaba el Bhava darxan i els devots estan a punt d'anar-se'n a dormir. De sobte, Amma es dirigeix cap a on hi ha una feina per fer. Ella sempre és la primera de començar. Malgrat que ha estat asseguda des de les sis o les set del vespre fins a les tres o les quatre de la matinada, treballa plena d'alegria i entusiasme. Ben de pressa corre la veu que Amma porta maons, sorra, aigua o alguna altra cosa i els devots surten a corre-cuita per ajudar-la. El més curiós és que una tasca que suposaria sis o set hores de feina es fa només en una o dues hores.

Per tal que els devots oblidin el cansament, Amma els fa riure amb el seu meravellós sentit de l'humor. A vegades fins i tot fa una mica de foc a prop del lloc on es treballa i prepara cacauets torrats i begudes que es van repartint entre tots. I mentre fan la feina, Ella continua instruint-los:

"Fills meus, sigui quina sigui la tasca que feu, esforceu-vos a repetir el mantra o a cantar cants devocionals. Només les accions que s'ofereixen al Senyor consten com a accions reals i aleshores el karma (l'acció) esdevé ioga. Si no, és simplement karma bhoga (acció motivada per l'impuls de gaudir).

Fins i tot les gopis de Vrindavan quan anaven a vendre llet o mantega cridaven: 'Krixna, Màdhava, Iàdava, Késsava.' A la cuina escrivien els diversos noms de Krixna en els pots d'espècies i altres provisions mentre feien la feina de mestresses de casa. Mai restaven vagaroses i sempre duien la forma de Krixna al cor i repetien sense parar els seus noms divins. Fills meus, esforceu-vos a fer com elles."

Sigui quina sigui la pregunta que se li fa, i sigui qui sigui el qui la faci, tant si és creient com no creient, amic o enemic, Amma respon sempre amable i tranquil·la, sense ferir la persona ni menysprear les seves idees. Un dia, per exemple, un jove que visitava l'àixram va dir: "No crec en la filosofia espiritual ni en els mestres. No és millor servir la humanitat? Hi ha molta gent pobra que passa gana. Què fa per ells la gent anomenada espiritual? No perden el temps asseguts sense fer res?"

Amma va respondre serenament:

"Fill meu, això que dius és ben just. És clar que és important servir la humanitat. Aquesta és la tasca a la qual ha de consagrar la seva vida un veritable buscador espiritual. En això estem completament d'acord. Ara bé, quin és el veritable servei? El servei de veritat és oferir ajuda sense esperar res a canvi. Qui ho fa, això? Si algú té la idea d'ajudar una família pobra, segur que hi haurà al darrere algun motiu egoista. Tothom busca glòria i fama. Amma sap molt bé que un consell espiritual no satisfà la gana d'una persona enfonsada a la misèria. Hem de tenir compassió i amor per aquestes persones. I la veritable compassió i el veritable amor només s'aconsegueixen amb la pràctica espiritual. Hem de tenir un ideal elevat a la nostra vida i estar disposats a fer tots els sacrificis que calgui per assolir-lo. Aquesta és la veritable espiritualitat. Donar menjar no soluciona el problema, perquè la gent tornarà a tenir gana. La millor ajuda ha de ser externa i interna alhora. I això vol dir donar-los menjar i al mateix temps fer-los conscients de la necessitat de desenvolupar-se també interiorment. Això només és possible a través d'una educació espiritual. Aquesta mena de servei pot ajudar els altres a dur una vida equilibrada i feliç en qualsevol circumstància, fins i tot passant gana. En realitat és l'espiritualitat el que ens ensenya a portar una vida correcta al món. Fill meu, tot depèn de la ment. Si està calmada i serena fins l'infern més baix pot esdevenir un lloc de felicitat, però si la ment està inquieta fins i tot el paradís més elevat es transforma en un lloc de sofriment. És precisament això el que podem obtenir de l'espiritualitat i dels mestres espirituals: la pau i la serenitat que ens calen per viure."

Fins i tot la persona més cruel i odiada pels seus propis pares i familiars és per a Amma un fill estimat. Aquesta persona podria dir: "Amma m'estima més que ningú i jo me l'estimo més que la mare que m'ha engendrat. Sóc el seu fill."

Aquesta és la impressió que Amma crea als cors dels seus devots. Fins d'un delinqüent Amma en dirà: "És un bon fill molt innocent." Passarà per alt els seus defectes i farà elogis de les seves qualitats, encara que siguin molt minses.

Mitjançant la nostra pròpia experiència podem comprendre que Amma és una font inesgotable d'energia espiritual i creativa. Malgrat tenir cura de totes les necessitats espirituals i materials dels seus devots, Ella és sempre pura i completament despresa.

Un devot, volent expressar la seva gratitud, li pot dir: " Oh Mare, que en sou de compassiva amb mi. Per la vostra gràcia puc fer una bona meditació i la meva ment resta en pau." Un altre li dirà: "Amma, gràcies a les vostres benediccions tots els meus problemes familiars s'han solucionat i molts dels meus desigs s'han fet realitat." En sentir aquestes paraules dels devots, la Mare de vegades riu i contesta:

"Namah Xivaia! Però, qui és Amma per beneir algú? Si només és una nena boja que va d'un lloc a l'altre perquè no hi ha ningú que la interni en un manicomi. No faig res, Déu és qui ho fa tot sense fer res."

Les inquietuds de la gent que ve a visitar-la són molt diverses. Alguns fan preguntes sobre kundalini ioga (tècniques per despertar el poder de la serp); d'altres tenen curiositat per saber alguna cosa sobre nirvikalpa samadhi, l'estat que permet establir-se en l'Ésser Suprem. D'altres es queixen de la mala salut. Arriben pares plorant perquè el seu fill únic va per mal camí, dedicat a cometre malifetes, i li demanen a Amma que el salvi. Vénen joves que es queixen perquè fa temps que han acabat els estudis i no troben feina i li diuen: "Si us plau, Mare, beneïu-nos per poder trobar feina." A vegades vénen marits tristos per la falta de sinceritat de les seves mullers i dones que afirmen que els seus marits no les estimen. Altres li demanen que castigui uns veïns, o bé es queixen que la vaca no fa prou llet, o que en els cocoters no hi ha gairebé fruita. Alguns demanen la benedicció per aprovar els exàmens, mentre que d'altres vénen amb una malaltia incurable. Hi ha pares desesperats perquè el seu fill vol fer una vida de renunciant. Només uns quants esdevindran veritables aspirants espirituals després de conèixer Amma i cercaran la seva guia per tal de progressar en la seva sàdhana. Així doncs, podem veure tot el món sencer venint a demanar la seva benedicció. Amma no rebutja ningú, tothom és tractat igual, amb el mateix amor i afecte. Cadascú rep el consell segons la seva naturalesa espiritual i la necessitat del moment. No solament escolta els seus problemes sinó que converteix els seus desigs en realitat.

Cada matí, al voltant de les nou, Amma comença a rebre molts devots que vénen pel seu darxan. Ella els rep un darrere l'altre, escolta amb atenció tots els seus problemes i els diu:

"Fills meus, jo només vull de vosaltres el farcell de les vostres penes. La Mare és aquí per fer-se'n càrrec. No em cal res més."

Continua asseguda al temple fins que tothom ha estat escoltat i consolat. Gairebé sempre el darxan s'acaba cap a les dues o les tres de la tarda. Torna a la seva cambra i revisa el correu o comunica instruccions als residents. També dóna els consells necessaris per a la gestió administrativa de l'àixram. Fins i tot quan menja a vegades aprofita per instruir o llegir alguna carta. Sovint fa cridar una família o una persona que ha fet tard al darxan. Si és un dia de Bhava darshan, torna cap a les cinc de la tarda per iniciar els cants devocionals. Després dels cants comença el Bahva, que pot durar ben bé fins a les tres o les quatre de la matinada de l'endemà. Durant tot aquest temps està asseguda al temple rebent un a un els devots i escoltant els seus problemes, siguin espirituals o materials. I no només els escolta, sinó que els soluciona fent un gest o una mirada o per mitjà d'un pur sankalpa (determinació).

La Santa Mare Amritanandamayi és un fenomen únic fins i tot en la sagrada terra de l'Índia. En realitzar el Bhava d'Adi Paràixakti (Mare Divina), la suprema energia original, Amma serveix la creació del Senyor amb cada alè seu. En la història espiritual de l'Índia Amma ocupa un lloc primordial en la manifestació de la gràcia i la compassió per tota la humanitat extraviada. Deixem que la seva vida divina serveixi com un estel de guia per a tots aquells que aspiren a la realització de la pau suprema, a la felicitat de l'Autorealització.

Om Namah Xivaia!

Apèndix: Noms geogràfics que apareixen en el text

Transcripció Catalana	Transcripció Anglesa
Aiodhia	Ayodhya
Alappad	Alappad
Andhra Pradeix	Andhra Pradesh
Arickal	Arickal
Bangalore	Bangalore
Bengala	Bengala
Bhandaraturuttu	Bhandaraturuttu
Bhilai	Bhilai
Cotxín	Cochin
Duàraka	Dwaraka
Guruvaiur	Guruvayur
Haripad	Haripad
Kàdali Vanam	Kadali Vanam
Karunàgapal·li	Karunagapally
Kérala	Kerala
Kól·lam	Kollam
Kurukxetrà	Kurukshetra
Oatxira	Oachira
Palghat	Palghat
Panmana	Panmana
Paraiakadavu	Parayakadavu
Sraiitxadu	Srayicadu
Tirupati	Tirupati

Tiruvànnamalai	Tiruvannamalai
Travancore	Travancore
Trivàndrum	Trivandrum
Txenganur	Chenganur
Txinmàia	Chinmaya
Val·lickavu	Vallickavu
Vrindavan	Vrindavan

www.ingramcontent.com/pod-product-compliance
Lightning Source LLC
LaVergne TN
LVHW051544080426
835510LV00020B/2854